大连外国语大学2015年出版资助项目“文化与价值观的历史变迁”

亚洲文化价值观的历史变迁

THE HISTORICAL EVOLUTION OF ASIAN CULTURAL VALUES

秦丽莉◎著

中国出版集团
世界图书出版公司
广州·上海·西安·北京

图书在版编目（CIP）数据

亚洲文化价值观的历史变迁 / 秦丽莉著 . — 广州：世界图书出版广东有限公司，2025.1重印

ISBN 978-7-5192-1982-6

Ⅰ . ①亚… Ⅱ . ①秦… Ⅲ . ①文化哲学－研究－亚洲 Ⅳ . ① G02

中国版本图书馆 CIP 数据核字（2016）第 255562 号

亚洲文化价值观的历史变迁

责任编辑　张梦婕
出版发行　世界图书出版广东有限公司
地　　址　广州市新港西路大江冲25号
http:// www.gdst.com.cn
印　　刷　悦读天下（山东）印务有限公司
规　　格　710mm×1000mm　1/16
印　　张　11.25
字　　数　189 千
版　　次　2016 年 10 月 第 1 版　　　2025 年 1 月 第 3 次印刷
ISBN　978-7-5192-1982-6/G · 2185
定　　价　68.00 元

序

“书山有路勤为径，学海无涯苦作舟”，对此我深有体会，也是自己撰写本书的真实写照。“十年磨一剑”，本书撰写之初始于我2005年在英国纽卡斯尔大学攻读跨文化交际学和国际管理专业硕士学位时，当时对日本、韩国和中国文化进行了对比研究，并撰写了研究论文。由于对其中不同文化和价值观体系历史发展沿革的浓厚兴趣，之后我萌生了撰写书稿的想法。起初我将书名拟定为“亚洲文化价值观与政治”，但由于对政治学知之甚少，后改为“亚洲文化价值观的历史变迁”。2007年我回国之后，由于相关资料相对甚少，因此如想撰写一本专著，是一个非常艰难的学习、整理和产出的过程，其中之苦从书稿撰写的时长便可知晓。专著的初稿于2011年基本完成，但由于2012年我又获得攻读博士学位的机会，学业繁忙，书稿便被搁置整整三年，终于在2015年6月获得博士学位之后，方有精力继续整理书稿。今时本书得见天日，也是我十年所愿。在此，我要感谢硕士生导师祝华教授[①]，是她在我留学期间对我的鼓励、支持与指导才有了“本书之源”。其次，我要感谢丈夫和家人，是他们对我的默默支持与日夜陪伴，才有了完成书稿的动力，进而构成“本书之精气”。

本书历时漫长，本该是一部完成经典之作的时长，但由于本人学术修养尚浅，所述观点略显功力不足，还请阅读本书的专家们多多指正！

① 祝华，跨文化交际学与应用语言学专业教授，曾任纽卡斯尔大学跨文化交际学专业讲师，目前就任于英国伦敦大学伯克利分校。她曾经就读于北京师范大学，师从钱瑗教授（钱钟书先生和杨绛先生的女儿），获得应用语言学专业硕士学位，之后赴英国纽卡斯尔大学获跨文化交际学和应用语言学博士学位。

目　录

第一章　亚洲文化价值观的提出与内涵

一个民族有植根于整个价值观体系中的、潜意识里的、根深蒂固的意识形态，因此整个价值观体系不会发生根本上的改变，所以人们的价值观也不会突然产生文化改变，基本上是恒定的，如有变化，也通常是微变化。

众所周知，李光耀是“亚洲价值观”这一主张的缔造者之一。1977 年，当他任职新加坡总理时，他在关于“亚洲价值观和现代化”的学术研讨会上首创了这个术语。[1]在所有支持“亚洲价值观”这一主张的提倡者中他是最直率的，可能也是最具智慧的，并且能系统地将这一主张阐述出来。20 世纪 70 年代，他把新加坡的成功归功于这样一个事实：“我们是‘亚洲’导向型社会，我们努力工作、节俭、遵守纪律，是一个拥有‘亚洲价值观’的民族，是一个联系紧密的家庭，肩负着将家族发扬光大的责任，这些都是‘亚洲文化’的共同特点，不管是在中国、马来西亚还是印度这些文化特征都是相通的。”[2]20 世纪 80 年代，他主张父母“把‘亚洲价值观’传递给他们的子女”，提醒他们不要忘记新加坡的成功“主要归因于亚洲人的勤奋努力精神和亚洲社会对家庭关系以及亲子间义务的重视”[3]。1995 年，他谈及“亚洲核心价值观”对新加坡人的影响时，对比阐述了“亚洲价值观”和“西方价值观”的概念，并在 1998 年 10 月（经济危机中）两次赞扬“东亚价值观中的努力工作、为未来做出牺牲、对教育和学习的尊敬以及企业家精神”[4]。但奇怪的是 1999 年，李光耀想否认他曾经使用过“亚洲价值观”这个术语，甚至含蓄地对他的批判者做出了让步。他承认将亚洲价值观和西方价值观进行对比造成了一个错误的并且有误导性的二元化现象。他的陈述对“亚洲价值观”相关的讨论提出了一个基本问题，也是最重要的问题，关于“亚洲价值观”的争论难道仅仅是西方学者之间“毫无意义”的争论吗？

第一节　作者之见

尽管李光耀推翻了自己之前的观点，但关于“亚洲价值观”的辩论是真实存在的，并对亚洲社会现实产生了重要的影响。关于“亚洲价值观”的辩论结果和特殊的辩论过程不仅影响了亚洲地区民主化的进程的观念，还影响了世界贸易外交的参照标准和国际代理的运作——诸如美国、国际货币基金组织以及人道主义援助机构。对这一论点的阐述最具系统性的人是李光耀和马来西亚的前总理马哈蒂尔，他们的观点在整个亚太地区的外交言语和学术领域等方面比较相似，尽管有时也存在矛盾。

尽管“亚洲价值观”这一术语引发了关于“整个亚洲有一套本质不同的、特殊的价值观”观点的思考，但自从李光耀对其避而不谈之后，有关“亚洲价值观”的争论就很少被提及。有关“亚洲价值观”的争论，更确切地说是关于文化相对性的争论。不希望沿用“亚洲价值观”的支持者，主要观点是认为，不仅20世纪末期各种社会的、文化的国际准则都具有显然的西方特征（而非公认的准则），而且受西方文化价值观的影响，目前并没有其他可以被认为合理的“亚洲的”准则。

对于以上这种矛盾观点的辩论，有一个经典但鲜为人知的能够解释这一现象的例子：越南政府在1933年用“越南价值观”甚至是“佛家思想价值观”来进行意识形态教育，[5] 目的是与西方霸权主义抗衡。文化相对性成了亚洲文化主张的代名词，也正是“亚洲价值观”争论的核心。

一旦确立了“亚洲价值观”文化相对性的基本前提，它可被用来支持一个多变的甚至有时会自相矛盾的主张。支持者们强调人类的互相依存和社会属性。“亚洲价值观”的文化源头大多为儒学。然而，必须指出的是这里所说的儒学并不是孔子提倡的理论，而是从前2世纪发展起来的国家中央集权制度。本质上，儒学价值观探讨的是人类及人与人彼此之间的关系，它控制着人们在传统社会中的行为。统治者与被统治者的关系通常可以被比作父子关系：统治者（父亲）希望被统治者（儿子）对他的话言听计从，被统治者（儿子）要求统治者（父亲）做君子，治理国家（家庭）时以身作则、循循善诱，而不是一味地强加自己的意志。儒学的特征作者会在第九章做更深入的探讨，现在我们暂且把它高度概括成有人道主义世界观的伦理体系，该体系强调了为人处世之道、人性本善、遵从权威、忠实家族、社会和谐和子女教育。[6]

大多数东南亚价值观同样包含等级制度、家长式统治这样鲜明的特征，但没有对自由和理性的重视以及与欧洲启蒙运动或法国大革命相当的制度，更加没有“习惯或传统”对等级制度和家长式的理念产生过质疑。例如，在佛家思想国家泰国，国王享受着至高的崇敬，因为人们认为他积累够了前几世的修为而有了与生俱来的、绝对的品德力量；再比如，马来人的价值观也体现了受早期印度佛家思想的影响，同样长期笼罩在严格的等级制社会意识下，甚至直至今天马来人也会依据家族与苏丹的关系来衡量自己的社会地位；同样爪哇人结合印度佛家思想的理念，推崇由慈悲但享有一切权利的统治者来支配高度等级化的社会，支持统治者以和平的、制度规定的、和谐的方式带来繁荣国家。[7]

任何一种文化的发展都来源于地方，来源于地方社会中人们赖以生存的等级制的一种网状的关系的社会观。这种社会观通常被拿来与“西方”自由主义和个人主义社会观进行平行对比。这个对比让“亚洲价值观”的提倡者提出共产主义的主张，并强调国家、团体（例如：经济团体）权利以及家族权利是优先于个人的。从这一视角来看，20 世纪 90 年代中期越南的“社会弊病大战”中反西方主义和反颓废主义之间共有的联系是非常典型的。越南人民和政府必须共同警惕团结起来对付“西方”也就是“西方价值观”，也就是来自西方国家的“外国的污染”[8]。一个越南学者在 1999 年 3 月清楚地阐述了这一思想的基本理念：

> 依照惯例，越南人民总是视社会高于家庭和个人。只有在不违背家人、村民、国家时个人权利才会得到尊重。
>
> 我们不能接受这样（西方）的个人价值观，它是违背社会价值观的。我们一直认为个人与社会的和谐关系对保持越南的传统价值观上所发挥的作用是不能被忽视的。[9]

印度尼西亚的阿里·阿拉塔斯号召美国纠正西方对亚洲的民权问题过度地采用西方的“个人主义处理方式”[10]，同时他坚持认为西方的个人主义做法缺少“平衡”[11]。这种温和的形式，既能获得亚洲人民的支持，也能减少西方社会的批判，因为这种方式同时引起了东西两种文化中的保守派的好感。基于这个前提，“亚洲价值观”的支持者继续提倡家长式、中央集权式的国家，从越南，到相对起步较晚、后起发展的政体新加坡和马来西亚，都可以看到这种“亚洲价值观”的形式。

“亚洲价值观”中的集体利益优先于个人需求的思想，主要基于国家对人民坚定的承诺与职责的集合体，这种思想带来了和平、安定和经济的发展。[12] 同样这种“亚洲价值观”思想也可以和国家主权的专制体制相互关联起来。因此，1991 年 7 月东南亚国家联盟主张“考虑到复杂多变的经济、社会文化的现实，应该保留在各国的能力职责范围内”，并强调“民权的国际化应用不应该侵犯国家主权”。[13]

西方“强国”主张的另一重要推论是把“自由民主”拆析成它的组成元素——“自由”和“民主”，如果自由建立在政体利益至上上，就可能形成“偏执的民主”，并且还可能被误认为是正当的。马哈蒂尔曾坚持主张，民主是“最好的政治体制，尽管我们不能采纳西方实行的自由民主”，我们需要警告社会，不正当的民主可能会恶化发展成“自由泛滥”，在“极端事件”中能形成“空壳的政府”（即没有任何支配权的政府）。他主张亚洲需要“坚实的政府，做出最有利于国家的决策”，因为这些因素“是经济成长的先决条件”。

下面我们将“亚洲文化价值观”的组成要素及其内涵进行详细的阐述。

第二节　亚洲地区的家族观念

家族在“亚洲价值观”争论中起着特殊的作用，因为家族提供了从社会关系视角对“亚洲价值观”进行分析的基本概念前提，[14] 并且家族是给人们提供教养、社会化、社交服务的自然自给机制。家族是人们社会化发展的第一个团体，正是在这里，一个孩子形成他在社会上的自然地位、阶级地位以及在由社会关系统治的社会中生存的本能。[15] 例如在爪哇，兄弟姐妹的出生次序决定了这个个体对社会期望的高低，他们通过在家族生活中的不断成长，在等级制家族环境中学习等级制社会的社会形态。[16] 这种社会等级的自然性的观念也流传到了其他国家的社会文化中，也就是说其他亚洲国家的社会关系体制，也是效仿了这种家族内的等级制度。[17] 在日本人心里，幼儿的社会理想依赖于他们的妈妈，理解日本社会的内外分明、集体主义本性的关键，是从母亲对孩子的爱上探索孩子是否能够得到情感上的安全感。[18]

家族同时为人们对社会有机体的认识提供了感情上和哲理性的范本，有机体是最有力的基本原理。1989 年马哈蒂尔做了如下说明：

首先，我们可能认为，社会上存在着一种个别的人过着光荣孤立的生活，干“自己的事”，只取悦于自己，不拘泥于任何形式的单一规则、法规或行为规范。而实际上，从一开始就没有这样的生来自由，享受光荣的、独立的、完全不受拘束的个人。从人类发展伊始人类就群居——从家族到村庄、到行政区、到国家——因为人是天生群居的，只有群居才能提供安全感和帮助。[19]

1994 年，李光耀更简洁地表明了相似的看法：“东方社会认为个人存在于家庭背景中。他们不是原来就分离的。家庭是家族的一部分，然后是朋友以及更广泛的社会。”[20]

第三节 亚洲价值观的由来

在中央集权的政府和等级制的家族两个核心要素前提下，还存在许多相对较弱的非核心的“亚洲价值观”主张。这些非核心的“亚洲价值观”强调“亚洲”的经济价值观，特别是“儒学”价值观。东西方评论者同样地认同亚洲在节俭、努力工作、高标准教育、集团主义、基于团队的工作处理方法上独具优势。终生雇佣制、公司工会管理制度、垂直整合的工业企业、政府主导的投资制度、重要行政部门的精英选择制度等，这些是值得效仿的。

虽然我们透过以上的简要概述，可能会认为李光耀的主张脱离了、也怀疑了“亚洲价值观”而显得有点软弱无力，但在某种意义上他并不是没有道理。他不应该试图否认他提到过“亚洲价值观”，但他确实经常谈到“儒学价值观”。他用“亚洲价值观”这一术语做实验，发现有时会起很大作用，但这一概念也充满了概念上的难题，主要是来自亚洲文化的多样性问题，也是他曾试图避免直接使用“亚洲价值观”的原因。然而，我们必须认识到直到 19 世纪 90 年代末期亚洲经济危机时，似乎李光耀也没有对记者和其他人否认这一术语是他创造的。他的新立场是尝试远离“亚洲”这一被曲解的术语的玷污——更糟的是在坚持他的核心观点时，“亚洲”这一术语的内涵和观点的说服力显得很薄弱。李光耀现在意识到“亚洲价值观”争论已经过了最重要的转折点。不仅“亚洲价值观”失去了设想的道德高地，而且不会再有一个关于亚洲价值观、文化多样性的争论焦点。当然，李光耀一直知道亚洲文化和儒学的多样性，但现在需要放弃“亚洲价值观”这一宽泛术语的政治优势。

然而李光耀的观点直至今日仍然没有结论，“亚洲价值观”是否传达了一些有用的讯息，现在连它的主要支持者都要和“亚洲价值观”撇清关系了。李光耀很明显想要通过宣布他的新观点，来与一直以来“亚洲价值观”的批评者斗法，进而削弱他们对他的批评的可信度。李光耀从20世纪70年代开始与其反对者们争论“亚洲价值观”的观点，并一直是“亚洲价值观”最主要的提倡者，但他并不承认这一点。李光耀的批判者继续通过质疑“亚洲价值观”是包含一切的唯一意识形态，来贬低李光耀的主张无疑是不理智的。然而，如果把“亚洲价值观”当作本章节所描述的一些主张的更宽泛的标志，并不下定论，不将“亚洲价值观”与任何个别的亚洲国家的、复杂的文化实际相结合的话，就可以不带偏见地继续使用这个术语。本书采纳了这种广义的定义，试图剖析亚洲价值观的争论来源于那些能反映出纯粹的亚洲世界观的元素，尽管这个定义有些模糊。

第四节　亚洲价值观的概念

遗憾的是，考虑到李光耀放弃了以往的“亚洲价值观”的概念，本书将说明以共产主义、协商一致、等级制度为主的亚洲价值观是实际存在的，或者至少可称其为“东亚价值观”或者“东南亚价值观”。作者不想提出可能被视为东方风格的普遍原理，但不得不采取跟大卫·凯利一样的辩护，他在陈述《亚洲自由》一书时也遇到过类似的困境，他写道：

> 正如很多学者所想，缺失这种横贯亚洲社会的交叉关系是违背常理的。用一种众所周知的、显而易见的类比来解释就是说，家庭成员们之所以被看成一家人主要源于他们每个人或多或少都有着一些共同点，但也许并非全部相似，因为并不是每一位家庭成员都要在每种特征上保持一致。亚洲社会与文化正是由于存在这些具有家族相似性特征的系统而联系在一起的，虽然并不是每一个亚洲国家的文化价值观都完全相似。[21]

很明显即使有这个声明凯利也觉得有必要把他书中的范围限制在东亚和东南亚。在某种层面上竭力限定范围，其实是一种明智之举，但同时也反映出一个事实，即使是他所指的亚洲“家族相似性”这一经过谨慎考虑而提出的普遍原理也没有涉及整个亚洲大陆。这一论点并不取决于亚洲本身本质性的概念。此外，关于“亚洲价值观”涵盖地理区域的争论主要集中于东亚和东南亚（以下简称“亚洲太平洋地区”，即“亚太地区”）而并没有把次大陆涵盖在内。有了这个地域限制，就可以称亚太文化家族相互间孕育了意味深长的“家庭相似性”特征。“家庭相似性”特征通常被定义得非常含糊，因而容易被忽略，但有时它在国际政治舞台上的“攻击力”却不可忽视。例如由泰国大学事务部门和一些半政府的教育协会于 2000 年 11 月在曼谷主持召开的关于培养什么样的“理想的大学毕业生”的第一次国际学术会议上就发生了以下的案例。这次公开的泰国具有佛家思想内涵的讨论会设立了“理想的大学毕业生”应该是一个无私、合乎伦理、有社会责任感的毕业生这样一个明确的目标，这目标显示了东亚地区，对理想的绅士学者的强烈渴望，这一目标（如果稍做修改的话）显示了儒学绅士的特征——也是学者们对东亚理想主义的期待。其次，会议在很大程度上，明显地多次强调东西方文化的不同之处。这次讨论会吸引了来自阿根廷、澳大利亚、以色列、中国、意大利、马来西亚、菲律宾、英国以及美国的投稿者，但大部分参与者是泰国的学者和专业人士。读到会议进程中的文章和摘要时，人们不得不面对西方编著者与大多数东方编著者在辩论方法上的不同这一局面。对于来自西方的学者来说，他们通常采取非宗教的辩论方法，认为伦理道德不可知，而且他们通常不会谈及人类和社会的本质性问题。相反，很多亚洲学者的辩论比较明显地会应用宗教的含义，他们提出：“理想的毕业生”应该具有很高的个人“道德品质”，并在人类个体的本质以及人类个体与社会的关系方面都进行了具有亚洲特点的论断，但这些论断通常被西方学者们视为是“武断的”或者是“一厢情愿”的，这其实也体现了东西方文化的不同。[22] 这个普遍原理甚至还适用于一些对深层次的问题——例如那些谈论理想的工程、科学、医药或经济毕业生特质的问题发表的言论，西方学者会认为亚洲学者的发言不够客观，没有针对问题做出明确的辩论。在西方，人们希望在宗教学术协会或相关的哲学部门有相对客观的对话，但这种想法，在亚洲地区召开的关于亚洲地区毕业生理想的、政府支持的、国际性讨论会上，是不太可能会实现的，因为亚太地区的文化本身就是一种家长式的等级制度，学者们谈论理想的毕业生时，难免会以“家长”的身份，“高高在上”地讨论他们对理想的毕业生的期望，而不会是客观的陈述。然而，亚洲参与者似乎认为宗教和伦理的对话（包括对“道德品质”的担心）是正常的。[23]

尽管本书在亚洲文化方面进行了说明和概括，但是任何观点都应谨慎行之，因为亚太地区是所有多元民族文化发展的源泉和发源地。因此，任何的概括都不会完全正确。应该注意的是本书的初衷并不是想把有关亚洲价值观的对立点进行融合。其实，关于亚洲文化价值观的整理是有限的：因为在主流宗教中都存在亚洲价值观的元素和色彩，而大部分的亚太文化都会向自己的民族输入自由主义、现世主义与本民族文化的不同。这并不是说亚洲价值观应该被视为神圣不可侵犯的，或者被定位成亚洲本质论的一种贡品。[24]然而本书认为，人们应该反思亚洲文化价值观里值得尊重和秉承的元素。西方学者们很少反思和挑战西方政治背景下的自由主义和现世主义。但事实上，在西方文化价值观中也存在着次文化，如女性主义、多元文化、伦理、共产主义、基督教学者的观点等已经开始挑战并重新定义自主。如约翰·格雷，甚至从意识形态的范畴质疑霸权的自由主义。但问题在于，在这些研究中很少提及亚洲文化价值观和国际政治，而本书将涉及这一跨领域的研究，旨在以一个跨文化的视角审视价值观及其发展沿革。

注　释

1.Seah Chee Meow (Ed.). *Asian Values and Modernization*, Singapore: Singapore University Press, 1977.

2.Lee's postscript to his address to the Historical Society, Nanyang University, 10 February 1978, in *Lee Kuan Yew, Prime Minister's Speeches , Press Conferences, Interviews, Statements, Etc.*, Singapore: Prime Minister's Office, 1959-1990.

3.Lee's speech at Tanjong Pagar Constituency National Day Dinner, 16 August, 1988, cited in Lee Kuan Yew, *Lee Kuan Yew on the Chinese Community in Singapore*, Singapore: Singapore Chinese Chamber of Commerce and Industry and the Singapore Federation of Chinese Clan Association, 1991, p. 97.

4.Lee's address at Tanjong Pagar and Tiong Bahru Lunar New Year get-together at Silat Community Centre, 5 February 1995, in *Lee, Prime Minister's Speeches, etc.*, Singapore Government Press Release, Lee's speeches, 8 and 23 October, 1998.

5.Vo Van Ali. "Human rights and Asian Values in Vietnam", in M. Jacobsen and O. Bruun (Eds.). *Human Rights and Asian Value: contesting national identities and cultural representations in Asia*, Richmond, Surrey: Curzon, 2000, p. 101.

6.State Council. People's Republic of China, *Human Rights in China*, Beijing: International Office of the State Council, 1991, pp. 1-2.

7.The Straits Times, 16 June, 1993.

8.Wilcox, W. "In their image: the Vietnamese Communist Party, the West and the Social Evils Campaign of 199", *Bulletin of Concerned Asian Scholars*, 2000, vol. 32, no. 4, pp. 15-24.

9.Vu Khieu. "Vietnam vis-a-vis Asian and European values", paper presented to a workshop on "Asian values and Vietnam's development in comparative perspective", Hanoi, March, 1999.

10.Tang, J. (Ed.). *Human Rights and International Relations in the Aisan-Pacific Region*, London and New York: Pinter, 1995, p. 215.

11.The Straits Ties, 16 June, 1993.

12.See, for instance, State Council, PRC, Human Rights in China, pp. 4, 11.

13.ASEAN."Joint Communique of the Twenty-Fourth ASEAN Ministerial Meeting", 1991, Kuala Lumpur. Available HTTP: //www.asean.or.id/politics/pramm24.htm (accessed 19 June, 2000).

14.Report of Dr Mahathir's talks with Pakistan leader, General Pervez Musharraf, 28 March, 2000, in Channel News Asia. Available HTTP: //www.channelnewsasia.com (accessed 30 March, 2000).

15.Mahathir Mohammad and Shintaro Ishihara (trans. F. Baldwin). *The Voice of Asia: two leaders discuss the coming century*, Tokyo, New York, London: Kodansha Internationa, 1995, p. 82.

16.Koentjaraninggrat. *Javanese Culture*, Singapore: Oxford University Press, 1989, pp. 109-115, 240-241.

17.Koentjaraninggrat. *Javanese Culture*, Singapore: Oxford University Press, 1989, pp. 109-115, 234-235.

18.See Doi Takeo (trans. J. Bester). *The Anatomy of Dependence*, Tokyo, new York, London: Kodansha international, 1981, especially, pp. 16-17, 54-55, 58-63.

19.Mahathir Mohammad."The social responsibility of the press", in A. Mehra (Ed.). *Press Systems in ASEAN States*, Singapore: Asian Mass Communication Research and Information Cenre, 1989, p. 107.

20.Lee Kuan Yew's interview with Fareed Zakaria."Culture is destiny: a conversation with Lee Kuan Yew", *Foreign Affairs*, 1994, vol. 73, p. 113.

21.Kelly, D. "Freedom-a European mosaic", in D. Kelly and A. Reid (Eds.). *Asian Freedoms: the idea of freedom in East and Southeast Asia*, Cambridge: Cambridge University Press, 1998, p. 7.

22.Kamonpatana Maneewan and Pairoj Witoonpanich (Eds.). *proceedings of the First International Congress on Ideal Graduates, Integrated to Fourth National Congress on Thai Ideal Graduates (ICIG, 2000), Proceedings of ICIG 2000 on Ideal Graduates for World Millenarians: Time of Global Great Happiness and Prosperity for All*, Bangkok: Thai Ideal Graduates Association, 2000.

23.Interview with Alan Holzl, 3 April, 2001, Holzl was a conference delegate from The University of Queensland.

24.Gray, J. *Post-liberalism: studies in political thought*, London and New York: Routledge, 1993.

第二章　亚洲价值观的历史——宏观

第一节　日本文化价值观与政治发展历程

虽然“亚洲价值观”是一个新型术语，但它的历史前身可以追溯到19世纪末。最早的“亚洲价值观”雏形来自于早期日本和中国对西方技术与经济的明显优势理性化的认识。正当明治时期的日本努力在这些领域赶超西方的时候，日本的知识分子冈仓天心竭力主张亚洲国家建立一种和平、完美、精练的泛亚洲（Pan-Asia）的优势文化，这种新亚洲价值观的构想达到了一个新的标准。冈仓天心主张亚洲各民族重新审视自己民族内的传统，形成一种富有文化内涵的、精练而崭新的价值观模式，与西方价值观抗衡。[1]中国的革命领袖孙中山先生相信泛亚洲价值观的优势，这一想法在欧洲大战时就表露无疑。20世纪20年代，孙中山就发表了关于王道（道德与和平的统治之道）优于霸道（不道德的暴力之道）的演讲。[2]

事实上，日本并不是现代“亚洲价值观”争论的主要参与者，却在亚洲价值观的历史背景中扮演了重要角色。即便是为了达到亚洲价值观议程相似的结果而经过有意或蓄意操控中，都或多或少有日本的影子。明治政府有意把父权独裁似的家族武士阶级结构抬高成国家理想和单一民族国家的典范。换言之，比起其他模式（包括被大多数人追崇的母系氏族模式），日本统治者更倾向于前者。[3]

第二节 战后的发展

在“亚洲价值观”现象中中国民族主义先驱和日本明治时期的存在是很重要的，因为它们赋予了现在关于“亚洲价值观”的争论更丰富的历史背景。这些削弱了现代争论由一个或两个人运筹帷幄而缺乏文化及历史共鸣的内涵。然而我们必须承认，这些早期现象和20世纪90年代的文化政治之间的联系是模糊而间接的。更多改变源于战后的政治发展，这种发展赋予亚洲“团结精神的神话”以生命，引起了广泛的对统治体制的“民主思想”诉求的怀疑，也助长了整个泛亚洲地区对西方“腐败”论的强烈反响。

1955年万隆会议为“亚洲价值观”的神话提供了新的战后起点。率先提出了第三世界——亚非国家团结一致，不结盟运动的观念。苏加诺在会议开幕时所用的言辞在马哈蒂尔的言论下并不是不合时宜的：

> 我请您不要只是以传统的观点来看待殖民主义……殖民主义有它新的外衣，就是通过在国家内部植入微小而外来的团体实行经济控制、思想控制、政权控制等形式来隐藏它的本质。殖民主义是狡猾且目的明确的敌人，并且很会乔装打扮。它不会轻易放弃它的战利品。[4]

这证实了万隆和现代“亚洲价值观”之间有概念上的共鸣。

自海军准将佩里对抗日本以来，泛亚洲地区挑战西方的观念已经成为东西方关系问题上的主旋律，事实上雄辩往往是盖在民族优越感或民族主义历程上的一层薄纱，但这并不降低理解它的重要性。“亚洲团结精神”或许会一直是个神话而不是事实，但它是“亚洲价值观”言论中由来已久的元素。

第三节　民主思想发展的失败史

形成“亚洲价值观”更直接的因素有两个：一是整个第三世界民主思想运动的失败；二是整个亚太地区中央集权制的兴起。这些使亚洲地区的人们对“假想”有关的民主的益处几乎普遍存在着怀疑的态度。民主思想在亚太地区的成功案例要远远少于它的失败案例，成功案例的清单上只有两个国家：日本和新加坡。其中一个亚太国家是有着一段一直在民主思想统治下的后殖民主义历史的同时也是处在“亚洲价值观”争论前沿的国家。值得注意的是，马来西亚也追随民主思想的“荣耀”，虽然马来西亚只有一段很短的时间（从 1969 年 5 月到 1971 年 5 月）停留在民主思想上。甚至在三个相对成功的亚太民主思想的案例（日本、新加坡和马来西亚）中，成功也是建立在几十年的中央集权制度的基础上。日本的自由民主党，马来西亚的马来民族统一机构和新加坡的人民行动党都曾各自宣布过自己统治的国家相对繁荣和稳定。在某段时期，日本曾是这三个国家中最自由民主的，但自由民主党的领导权是靠党内、大企业和官僚密切的关系和堪比旧时英国的“有名无实”的选举相媲美的选举舞弊制度来维持的。

尽管有这些限制，与被大卫·布朗称作包容性统合主义国家的新加坡政府相比，战后日本的民主思想特征依然是很明显的。[5]新加坡小心翼翼地维持各种形式的民主思想，但平民生活是如此严格地被由上到下的利益集团（每个形式的民主都由政府支持，并且经常是政府委派的代表集团或核心人物）控制，以至于几乎不可能冲破政府管理渠道防线形成真正独立的思想。在被控制的环境下，不和谐的想法和抱怨在政府政策的控制下不是被压制就是被吞噬。在这样的环境下，几乎不可能产生反对党；就算在某些情况下产生了，它的领导者也会面临来自政府关联雇员、媒体、法院、税务局甚至房管局强大的制度上的阻碍。新加坡式的民主思想和自由民主思想唯一的共性是真实的投票本身还是“干净”的。

马来西亚依赖于易卜拉欣毫无争议的领导权，他甚至通过改划选区偏向马来族借以保证马来民族的统一机构凌驾于政治体系之上。马来民族统一机构还联合一些非马来党，其中有些党派通常控制众议院超过 2/3 的席位。然而这些并不是一般意义上的联盟，马来民族统一机构提名的首相控制这个联盟和国会，甚至连联合政党的国会候选人的选择权都在他手中。在马来西亚独立后的民主历史中，马来民族统一机构统治这些联盟。媒体服从于政府；司法部门也在法律上受制于国会。投票选举一般被认为是“干净”的，并且反对党的参选人一定有被选举权甚至可以不受政体影响赢过国家政府。但这种体制也存在一个问题，就是马哈蒂尔首相有权利和意愿摧毁能严重威胁他的任何反对党。

根据从东北亚提出民主以来各个时期对各个国家的调查，纵观这三个国家，民主思想的历史记录不是半路夭折就是根本没有真正实现过。

1948 年在美国监督的选举中，韩国开始走向世界。李承晚被选为韩国的第一任总统，但他 13 年的执政远远偏离了民主：他采取独裁专断权，清除国民议会，取缔对手进步党并成为它的领导。1961 年，李承晚政府被学生领导的示威游行推翻，而这些示威反过来被军事政变所利用。在之后的近 30 年，韩国被军事政权所统治，军事政权制度开始执政，直到后来在经济下滑和社会动荡时期被非执政平民政府所推翻，平民政府后来又被新的军民政权所推翻。1988 年，当宪政改革和基本的民主被引入时，原有的政权交替模式开始走向终结。但只有在 1998 年，反对党候选人被选、民主人士金大中成为总统时，我们才能合理地推断这种交替执政的模式已经被彻底打破了。

第二次世界大战后菲律宾接受了美国在国家独立和美国式民主宪法方面的帮助。即使有腐败和普遍贫穷的问题，当 1969 年费迪南德·马科斯被再次选为总统开始他的第二任期时，菲律宾仍然是一个民主、稳定的国家。然而，到 1972 年，马科斯的名望和对权力的控制逐渐衰落，同期，他宣告了军事管制法，开始通过军事政权继续统治菲律宾。直到 1986 年科拉松·阿基诺领导了人民力量反抗，民主才重新得以回归。[6]

迄今为止，印度尼西亚的民主思想经验还很短暂且不容乐观。印度尼西亚共和国名义上始于一个专制的甚至不能称为民主的临时宪法体制。但在 1945 年，这一点并不重要，因为“共和国”不仅仅由杰出人物组成，还由被普遍接受的、单方面宣布民族独立、并试图建立言论的民族主义运动组成。1950 年实现相应的国家地位时，共和国采纳了一个多元的、权力分散的民主宪法，从而导致政治上产生了大量不同的政党，当然这期间还伴有政党之间的政治混战。1959 年当印度尼西亚总统苏加诺单方面宣布国家重新使用 1945 年的宪法时，民主的发展迎来了决定性的终结。他引入了“指导式民主”，并把其描述成“家族体系的民主，没有无秩序的自由主义，没有独裁政府的独裁专政”。苏加诺的“引导式民主”被后来的新秩序取代，这个新秩序也同样把民主看成是外来价值观并加以抵制、认为这种民主只适合容易出现社会矛盾的社会，[7] 所以直到 1999 年印度尼西亚再也没有出现过民主。

文莱是夹在马来西亚东部的沙巴州和沙捞越州之间的小而石油丰富的苏丹国家。它没有民主思想，但也没有所得税。只要苏丹继续自掏腰包为国家提供财政支持，国人似乎愿意放弃公民权利。

越南，像韩国和朝鲜两个国家一样曾经遭受了“冷战”分隔，但与它们不同的是 1975 年北越在内战中战胜了南越，并重组为越南社会主义共和国。然而，三种形式的越南（南越、北越和越南社会主义共和国）都没有在民族思想或实践中有过民主的主导力量。民族主义一直是越南人民的主要推动因素，共产主义比民主观念甚至是个人自由更成功地与民族主义连接起来。老挝的民主思想经验始于 1947 年，当时法国给老挝王国提供了一个选任的国民议会。然而，民主却被用来作为传统联盟和对抗名门望族的“伪装的武器”。1946 年法国允许柬埔寨成立自己的政府并实行选举行为，之后柬埔寨在 1953 年获得了完全独立。自 1970 年，柬埔寨被军事专政（1970—1975）独裁统治，目前柬埔寨政府主要是佛家思想君主立宪的后共产主义政府。

自 1932 年以来，泰国就是君主立宪制并有断断续续的民主思想的政体。即使泰国实际花了更多的时间在军队建设而不是民主统治上。直到 1973 年泰国才迎来正式的民主思想转变，它始于学生抗议并迅速在全社会扩散开来。当在几十年的动荡军事政权中仍保有曾经的影响力和权力的国王给予支持时，民主运动获得了一定程度上的成功。到 1992 年泰国才真正实现了民主思想。

缅甸在 1948—1962 年尝试了议会民主制，但结果局面大乱。当面临分裂者的挑战和政府内部严重的党派之争时，吴努（曾于 1948—1956 年，1957—1958 年和 1960—1962 年就任缅甸首相）未能建立稳定安全的政府，当然也没能实现改善经济的愿望。然而奈温将军（拥有很多头衔的军事独裁者，就任于 1958—1960 年和 1962—1988 年）的军事统治却实现了稳定和安全。而他的继任者在同样传统的经济政策领导之下，国家的经济发展改观甚微。然而，这并未造成军事统治的减缓。在大规模的民主运动的巨大压力下，此种政权形式实际上还控制了 1990 年的议会选举，然而当昂山素季代表的全国民主联盟在选举中大获全胜时，军方却自始至终都拒绝移交政权。军事政府现在依然作为缅甸的国家和平与发展委员会掌权。

考虑到以上这些“负面”的记录，民主权利和公民权利在某些地区被当成“有问题”的价值观（如果并非简单地与地域无关）也不足为奇。

第四节　社会保守主义

也许人们会认为社会保守主义的政史根源比“亚洲价值观”争论的其他特征更难用文献证明，因为它被认为是具有“马哈蒂尔·穆罕默德”和“李光耀”特色的。然而，这种看法是对当代亚太地区社会保守主义的历史文化根源和广义上“亚洲价值观”运动意义的严重误读。

以马来西亚为例，我们发现易卜拉欣（一位反对大部分“亚洲价值观”议程的人）虽然赞同亚太地区的共同之处，但他出于保守社会主义的立场做了如下阐述：

> 很多亚洲人都惧怕被西方文化所困扰，这一点是可以理解的，因为他们认为西方文化已经失去了神圣感，而且充斥着价值观方面的混乱，他们还认为西方文化正经历着道德上的败坏，同时也正遭受着家庭制度的瓦解。[8]

我们再来看看印度尼西亚。20世纪60年代苏加诺总统对“西方衰落”的做法是销毁西方摇滚唱片和类似的“舶来”商品。在马哈蒂尔·穆罕默德或李光耀想剪去当时正流行的“嬉皮士的头发”将近十年之前，苏加诺曾下令印度尼西亚警方剪去任何受“披头士主义精神病”习气沾染的长发男青年的头发。[9]就像罗伯特·赫夫纳回忆自己20世纪70年代在印度尼西亚实地考察旅行时所说的：

> ……如果说美国以前是充斥着牛仔和科学家的国家，这些文化符号即使能够激起别国的赞美，也都是言不由衷的。到了20世纪70年代末期，这些文化符号更是被麻烦不断的色情、暴力、吸毒等不良印象所取代。似乎西方现在所展现出的已不再是严明向上的精英文化，而是性享乐主义和“自私”的利己主义。[10]

回到佛家思想世界，我们发现泰国在传统乡村价值观和现代城市价值观之间的冲突，以及自由与保守的分歧有着惊人的相似性。泰国在这方面做出的突出贡献是共产主义社会成员提倡强有力的家族和公民社会来反对独裁主义国家。柴阿南·萨姆达瓦尼加是泰国较为突出的传统价值观提倡者之一，正是因为这个原因，他提倡回归以家族、亲属关系和社区为基础的文化。[11]泰国的独裁主义批判者指责贪欲（或是“潜在的欲望”）削弱了佛家思想价值观而使人们只把注意力放在“一己”之上。这一点远不符合“亚洲价值观”的道德标准。[12]

在泰国的邻国缅甸，有名望的昂山素季在其提倡的民主运动中饱受煎熬。但尽管如此，她还远远没有成为一名真正的执政团的、自由的批判者。[13]她否认“西方社会的弊病”（如“无边的自由”、“个人利己主义”和“极端个人主义”），只是从佛家思想伦理、缅甸伦理和精神伦理方面公开批评政体。[14]

同时，社会保守主义看起来似乎是，由于其在东亚地区扎根颇深才得以存在。1995年，越南政府发起了“打压社会恶习运动”，谴责来自西方的各种“文化毒害”，如非法的卡拉OK歌厅、卖淫、海洛因、色情录像等。[15]在运动过程中越南出版社连续出版了关于青少年暴力、性侵、酗酒、吸毒和同性恋等方面的报告。[16]

最后，让我们着眼中国。教育机构作为保证社会权利和生活舒适的主要供应源，替代了家长和家族的权威，通过学校对道德的教育，以及中国对德育教育的正确引导和宣传，政府希望中国的年轻干部们和女性积极分子能兢兢业业、独立思考，一心为党和国家服务。中国提倡的社会主义价值观之一——“家庭是社会的基本单元”而受到全球的关注。[17]而这一价值观同时也在当时获得了如美国、欧洲代表团和无政府组织以及发展中国家的支持。[18]

第五节　同时期的文化变革

西方文化发展中“60年代”的“颓废”现象的出现，直接导致西方遭受了有高度破坏性的文化变革，这一看法是亚洲社会保守主义观点的重要部分。这个看法不只限于亚洲：许多西方国家也担心这种“可以公开抗议、自由恋爱、吸毒”的自由文化是对自己社会秩序的威胁。确实，新加坡副首相吴庆瑞之后公开表明他对西方学者们的观点感到担忧。他指出大家应特别关注克里斯托弗·赖斯的《自恋的文化》

和保罗·约翰逊的《社会的敌人》，涉及了所谓的20世纪60年代之后美国文化、价值观及教育的衰落。[19]同时代的这一看法的著作在今天依然被“亚洲价值观”的拥护者和许多西方保守派所支持，用以证明家庭破裂、吸毒、少女怀孕和其他社会问题导致了价值观的瓦解。

然而，我们不能只把这些声音仅仅当成对不受亚洲地区人民和当权政府欢迎的社会变革的看法，我们或许应该详细地考量在变革中是否有更大的基本社会动力。首先，很可能是西方文化的变革，改变了亚太文化与“西方”的关系而形成了动力；其次，这个变革的影响力很可能成为“亚洲价值观”本身的发展动力。我们必须承认的是乍一看来，前者似乎十分具有说服力。因为，在整个西方文化中，所有形式的社会权威和大多数的社会习俗在“60年代”的颓废现象中（由亚瑟·马维克定义，因为开始于1958年左右，1974年左右结束）都受到了质疑。本研究所关心的文化变革分成了3个交叉相关的领域：挑战政府当局（特别是政府、大学权威和警察当局）；挑战非官方权力机构（特别是父母和各等级的宗教团体等）；挑战几乎所有既成的社会道德规范。但变革更深层次的意义主要体现在对性爱革命、毒品文化和嬉皮士文化的抵制方面，但这种抵制同时出现在20世纪60年代末期逐渐成为主流的教育和宗教改革的新热潮中。说得高尚点，“60年代”是为了发展随启蒙运动开始的现代性（Modernity）运动所做的努力：一个相信人性和人类可以通过真理的应用不断进步的运动；说得平白点，其实就是可以赋予西方青年特权，以沉迷于激情、幻想、自我的手段。

讨论反文化浪潮和学生抗议运动是否是这些现象的起因或影响因素，在作者看来是没有什么实际意义的。卡斯·伍德斯毫不费力地找到了20世纪20年代性爱革命的起源，她认为当时“爱情的性化”和“性的色情化”开始让西方社会脱离维多利亚时期的规范。[20]当然，到了20世纪50年代，玛格丽特·米尔和阿尔弗雷德的影响已经建立了一种“崇性”文化，这也许是一个流行观念的开始。这个观念认为性自由是人类与生俱来的权利。但即使性爱革命的起源可以追溯到20世纪20年代，然而从1965年开始西方社会就可以轻松获得女性避孕药这一事实，我们可以看出20世纪60年代才是一个真正的转折点。这项新技术运用化学手段违背了自然的规律，将性与生育分离开来，而性的参与者（尤其是男性）可以不必考虑这一点。这一改变可以使对性的认识、性别关系、婚姻和家庭的本质发生变化。从自然责任中挣脱出来的性解放也把人们推向了社会，因为从本质上讲社会是让人们相互联系、相互应对本性的场所。这种观点让人们把自己简单地设想成自治克己的个体，而不是有相关责任的社会团体中的一员。避孕药同时也是西方现代性运动后期的重要组成部分，因为它创造了一种观念——人类可以通过击溃生物性来提升自己的本性。

20世纪近40年所经历的西方世界观的巨大转变，可以通过引用《纽约时报》1969年1月的社论生动简洁地描述出来，虽然这明显是不科学性的论证。《纽约时报》不论是在过去，还是在现在都是美国自由主义运动的最前线。但在1969年，它公然抨击在舞台表演上进行的性交的“真实的表演”是“极端的低级趣味和剧院老板的老奸巨猾”，并认为这样的活动“让演员堕落得只知道裸露，把观众变成下流场面的消费者，并将两性关系贬低到与卖淫行为是同一级别的”。同时它还提倡逮捕出演“鸡奸及其他性心理失常”的演员。“我们已经偏离了正常的发展轨道！所有西方国家的报纸当时都表达出这样的情绪这一点并非出乎人意料的。”[21] 20世纪60年代对美国大学生和专科生进行的一项关于性态度的调查也充分显示了发生在近20年的道德规范上面的变革本身的复杂程度。贝斯·柏霍提到了1964年进行的一项调查。堪萨斯大学的妇女学生小组对女性学生进行了调查并发现超过80%的学生认为与未婚夫性交是错误的，而91%的人不接受随意的性交。[22]

如果有人喜欢找出所有政治现象（包括社会运动）中的特权阶层，他会很容易想到为什么性爱革命几乎是反文化思潮的焦点。然而除了性，反文化思潮还包含很多内容。在美国和澳大利亚思想解放的青年有第二特权——通过越南战争征兵（澳大利亚的服兵役）来挑战权威。但反文化思潮和越南停战运动甚至在一些没有或很少对越南进行军事干预的地方依然很有影响力，例如英国、法国和意大利。整个发达世界中对公共权威的挑战是令人畏惧甚至几近恣意妄为的。在征兵、越南战争、教育、种族歧视、毒品和性方面，学生们挑战政府、大学权威和他们的父母。

现如今，尽管嬉皮士们已人到中年，但不可否认的是嬉皮士们发起的挑战几乎仍然在继续。在亚瑟·马维克对“60年代之死”的“悼词”中不难发现“60年代”的荒谬之处。例如：随着“60年代”的消亡，沉迷迷幻剂的现象也随之消失。[23] 然而，他的思想中一定存在普遍认识，即西方在20世纪60年代经历一个道德规范的变革是正确的。在其所著专著的最后，他满心歉意地重复了两句完备的陈腔滥调——“前不见古人，后不见来者”——来表达了他深信的理论。[24]

有大量轶事证据加强了自20世纪60年代以来的西方价值观发生了重大变革的观点，由于缺少更有力的证据，本书只能依赖这些轶事的证据。幸运的是，针对这一现象有大量的社会学证据，并且多数被弗朗西斯·福山收录到他的著作——《大断层：人性与社会秩序的重建》中。[25] 福山认为20世纪60年代标志着西方社会衰退的开始，即大断层，西方社会在20世纪90年代才开始进行重建。通过谋杀率和其他社会犯罪的数据，他认为西方社会在20世纪60—70年代经历了社会道德观念和凝聚力的根本性转变，并导致了西方文化和东亚文化之间的道德鸿沟。福山的论据中的社会学证据包含了多种形式的统计数据，这些数据既是应用于他书中的数字，也是其个人网站上引用的原始统计数据。

尽管西方国家的统计数据让他们自己都感到吃惊，但这项研究的最大意义在于西方国家和东亚国家（特别是日本）之间的对比。这次断层暗示出其中主要的争议（即暗指从争议中产生的自由的道德观）是与具体文化相关的西方文化现象。福山的著作也支持这一观点：自20世纪60年代以来，西方文化变革的范围大到已经成为"亚洲价值观"发展的动力之一。除了生育率外，在所有的关于价值观的对比论证上所使用的"东西方"对比，都难免会让人惊叹。1950—1996年，日本的盗窃率趋于稳定，在瑞典、美国、英国的暴力犯罪率都上升几倍的时候，日本的暴力犯罪率居然明显下降。同一时期，日本的离婚率只出现极小幅度的上升，而其他三个国家的却大幅上升。1960—1996年，日本的单身母亲生育率一直稳定在几乎没有变化的水平上，而其他三个国家的同类数据则上升了约6倍，比日本的高56倍。[26] 福山还做了第二组研究，对象分别为西方国家和韩国，但获得的数据相对于四个主要国家的数字来说并不完全。然而，"东西方"对比仍然被使用在韩国和其他国家的暴力犯罪、盗窃及离婚数据的比较中。这个对比更加显著，因为韩国和日本乐意运用现代化和技术实现繁荣的亚洲地区经济发展的"倡导者"和"先锋团队"，并且日本已经在很大程度上接受了西方的"性爱革命"的理念，虽然它们好像已经背弃了"西方价值观"的社会核心价值观。但这并不是为了表明日本或其他国家只是因为它们有儒学价值观就可以先天对由于价值观发展而产生的家族危机形成"免疫力"。东亚的所有儒学价值观社会自1970年都遭受了离婚率的上升，但是它们的家族危机一直都比西方水平低很多。[27]

作者很疑惑调查数据的对比中出现的东西方差异是否可用一个易懂的解释来说明。把不同归因于东方与西方秉承的不同的"亚洲价值观"甚至是"儒学价值观"是极其草率的，但毫无疑问的是，自20世纪60年代以来一条清晰得不能再清晰的鸿沟，出现在"亚洲价值观"秉承的处世原则和"西方"处世原则之间。这个结论并不让人惊讶，因为它与西方“60年代颓废”现象的核心理念高度一致。不过有必要正式提出这一特点，因为它给“亚洲价值观”的相关争论提供了强有力的正面论据。[28]

如果说对“亚洲价值观”的研究重点仅仅在于对19世纪60年代以后，自由主义形成的连锁反应未免太过简单化，但这一观点确实在一定程度上解释了“亚洲价值观”争议的焦点所在。在对“亚洲价值观”的“公有社会主义”道路和西方主导的“自由主义”道路不同的描述中，陈·约瑟夫列举了在实践方面的差异，其中包括色情文学的审查制度、婚姻法、同性恋的合法化和毒品检测对公民权利的侵害。[29]但这不足以包含“亚洲价值观”争论范围的所有方面。有意义的是，这些观点是检验20世纪60年代后西方思想分歧最灵敏的手段，同时也是“亚洲价值观”支持者们，从他们各自的社会找到最强有力的支持他们观点的证据所在。相反，当社会制度为了“进步”和“经济发展”试图推翻保守价值观时，他们经常会发现来自民众的支持率微乎其微。[30]这一现象指出“亚洲价值观”论据潜在的保守主义，但同时也为“亚洲价值观”在情感上的感召力提供了可参考的依据。虽然其他因素也会对被广为接受的中央集权制的形成起到重要作用，但建立一个抵制自由主义的防火墙的想法必然会使中央集权制更加受欢迎。事实上，人们真正对非民主政体的支持程度很难衡量。众所周知，东方和东南亚许多非民主政体明显代表着它们人民的意志。

第六节　“亚洲文化价值观”中的社会保守主义之我见

在这一点上，我们认为加里·罗丹对社会保守主义的解读并不正确。他认为抵制西方20世纪60年代后期的文化大变命是亚太地区和西方国家共同存在的保守观念，[31]基于这个前提他认为“亚洲价值观”仅仅是政治保守主义的产物。除结论以外，罗丹的理论被广泛接受，因为他的结论并没有考虑到一个令人困惑的问题——亚太地区存在许多政见不同的人和民主思想者，他们对“亚洲价值观”的观点存在共同点。然而，如果我们把政治保守主义（倾向于反民主和反言论自由的）和社会保守主义（主要关注伦理、道德、家族、社会和谐或是宗教方面的）区别看待，这个难题就可以迎刃而解。在西方，社会保守主义常常和政治保守主义统一战线，但是本章中的证据表明，在亚太地区这一关系是很难实现的，而且社会保守主义在亚太地区已经根深蒂固，这也造成社会保守主义独立于政治保守主义。这一现象本身需要一个解释，但是其答案应从不同角度加以分析。把这些亚洲领导人看作“社会保守派”是通过西方20世纪60年代后期的文化大变革折射出来的。然而，从他们自己的社会、文化和宗教的内容来看，他们中的很多人不是社会保守派：他们经常是社会创新者同时也是政治改革者。这些解释不仅帮助我们理解一个别样奇特的事物，而且如果认为这种观点是正确的话，那么这些“社会保守派”的盛行就显得更加有意义了。亚洲的社会、政治改革者在西方看来像社会保守派，这一点充分说明“亚洲”和“西方”价值观在两个术语的广义意思上有根本的不同。

尽管许多观察者对“亚洲价值观”、“西方颓废”以及“东亚文化”概念的笼统化颇有微词，但这些正是形成争论的动力因素——至少可以让“亚洲价值观”的支持者用家族的或社会的集体主义来为压倒一切有关国家权力辩护。从基本层面上讲，有关“亚洲价值观”的争论，代表着一种尝试，即在面对自由主义的个人主义时采用亚洲本质主义见解作为武器，这种观点充分考虑了人类作为社会动物的需求。“亚洲价值观”的批判者并不认为以家族为中心的集体主义是“独裁主义的伪装”，而是善于从中寻求其合理性，并找寻方法将社会保守主义引导到民主、人道主义的方向上。本书的第三章写了这种引导方式的不同尝试性手段。

第七节　亚洲的“文艺复兴”

20世纪60年代和70年代早期标志着西方文化变革，而到了70年代中期，东南亚则经历了国际关系的基本变革：1975年印度半岛开始向共产主义转变。这一变革在该区域内带来的直接后果是大多数非共产主义国家的团结一致。自东南亚国家联盟1967年建立以来，一直有一个低调的东盟允许印度尼西亚、菲律宾、马来西亚、新加坡和泰国的外交部长在公平的非正式的私人环境下进行会晤。在印度尼西亚、马来西亚和菲律宾之间以往曾在重大政治经济合作上存在着严重的竞争和不信任，尤其是在重要决策人之间，而如今情况不同。从1976年2月起政府首脑、经济大臣和外交部长带着新的目的展开会面：通过经济、政治和外交合作来建立地区的稳定和富强。会议签署了协议，建立了有官员和理事会的秘书处，同时在联合国建立了新的外交势力。

东盟的成功孕育了强烈的地区自豪感（至少在精英阶层），并给地区一个正面的国际声誉。东盟还在国际上无数的“冷战”先例之后，建立了一个强势的新型地方政治策略——在安全繁荣的宏图计划上集中精力，无论不同国家内部的政治环境如何。东盟大胆的必胜主义精神，在20世纪90年代末期达到了新的高度，当时东盟允许缅甸和后来的柬埔寨成为正式成员。在欧洲和美国的压力之下，东盟后来发展了文莱、越南以及老挝为成员。值得注意的是，东盟成员国至少在行动上有一致性的优势。

第八节　东亚价值观与政治发展的奇迹

遍及亚太大部分地区高涨的地区经济的自信情绪，大多基于一点——稳步上升的经济繁荣水平，以及伴随20世纪70年代中期东盟政治和经济的崛起。1981年，马哈蒂尔提出了他的“向东方看齐”的理念，并肯定日本、韩国是建立在东亚职业道德和文化上的成功经济体模范。他劝诫马来西亚“学习并实践日本和韩国的职业道德”，劝告他们“向努力工作的东方看齐”，效仿“工作中的勤奋、管理的高效和贸易关系以及东方的其他方面的优点”[32]。他告诉韩国的总统全斗焕，韩国人对工作的态度、忠诚度和纪律是韩国经济奇迹的关键之一。[33]除了给日本和韩国提供了在马来西亚投标的优势之外，“向东方看齐”运动并没有实际运行，但它却证明了一种受到广泛赞同的国际言论主题。1987年，也就是在马哈蒂尔提出“向东方看齐”运动后的第六年，他仍然向马来西亚人保证：“向日本、韩国学习职业道德和管理技术”运动是明智的。[34]

在马哈蒂尔经营他合理的“向东方看齐”运动时，李光耀开始以相反的方式宣传一个与之相同的非官方的、更低调的政策。20世纪80年代早期新加坡确立模仿日本的劳工管理技术、赞助研讨会学习日本工业生产力，甚至还引进日本专家指导自己政府提高生产力。1982年，他在第一个生产力月开始时说：“强烈的生产力意识必须成为我们民族精神的一部分，就像日本一样。”[35]与此同时，由于马哈蒂尔和李光耀“向东方”的日本和韩国看齐，西方也在同一领域赞美了这两个国家：他们可以向西方传授努力工作、教育和团队目标的重要性。1979年，傅高义在他的畅销书《世界第一日本：美国的教学》中大力赞扬了以出口导向型、团结主义、国家导向型体制大获成功的东亚经济奇迹。[36] 这实际上是弗雷德里克·李斯特的德国式中央集权经济发展模型和日本集体主义社会组织模型相结合的典范。傅高义这样写道：

> 想指望习惯了把自己的国家视为世界第一的美国人承认，他们在很多领域输给了一个亚洲国家，还希望他们向这个亚洲国家学习，并不是一件容易的事情。美国人承认所有关于日本经济成功业绩的陈述，却一直避讳接受日本技高一筹的竞争力。[37]

另一方面，傅高义回忆了日本在社会秩序方面的明显优越性：

> 在采访一位去过国外旅游的日本人时，说："您是否认为美国和欧洲政府已经成功地解决了经济增长、城市改建、污染控制和犯罪等问题？"他的答案是一个带有善意同情味道的叹息，然后以策略性的询问我们"为什么这些国家变得这样颓废"的形式来结束参访。[38]

同年，赫曼·康为为这番言论做了两个主要论证，来支持其观点。第一个是他跟托马斯·帕勃的合力之作：《日本的挑战：经济成功的成功之处与失败之处》，第二个是他的《世界经济发展：1979 年以后》。[39] 赫曼的观点基本上支持国家导向型和出口导向型资本主义体制。他认为这是一种理想的新儒学体制，这一体制产生了一系列新的社会价值观：对教育的重视，社会垂直凝聚力（跨阶级的合作）以及面对逆境和需要紧急应变时的众志成城。但不幸的是 12 年后，日本的经济在经济危机的新挑战下停滞不前，已经不再是曾经众所周知的世界经济发展的动力之源。然而，韩国经济依然繁荣兴旺，并遵循着几十年前日本主导的集体主义发展模式，傅高义把他们的成功归因于四个制度和文化的实践体制——"英才精英教育、入学考试制度（为选拔精英组织成员的）、集体利益的重要性（特别是家庭和国家）以及国民自我提升的理念"，他把这四个实践体制合称为"工业化新儒学体制"[40]。不知道李光耀或马哈蒂尔是否会对他的分析进行质疑。在这一阶段，大多数亚太国家因为年增长率是西方的好几倍，并借此被世界银行列入了"东亚奇迹"的典型案例中，亚洲和西方均推崇东亚奇迹成功秘诀的工业化新儒学体制。[41]

"亚洲价值观"提倡者把亚洲复兴看作"太平洋世纪"的先驱。1989 年，新加坡驻美大使许通美评论说：

> 亚太地区的经济发展是全世界最快最高效的。平均起来他们的增长速度是经济合作与发展组织国家的两倍。亚太地区的一些国家如韩国和新加坡的增长率普遍达到10%以上。这个趋势可能还会继续持续10年。同时，我期待泰国、马来西亚等国家也加入新兴工业化经济体的队列之中……当时的专家预测，到2000年，美国与太平洋的贸易量将变成与欧洲贸易量的两倍。[42]

这些自信的言论在20世纪90年代早期已经随处可见，但它们仅仅在20世纪80年代开始出现。这种谨慎的必胜信念为那段时期的那种升华了的东亚文化、经济和政治主张找到了立足点，但是“工业化新儒学”这一崭新的形式是之前无法被预见的。事实上，所谓的“亚洲价值观”的必要组成元素直到20世纪80年代才被提出。然而，进入20世纪90年代之前，如果回过头来考虑李光耀和马哈蒂尔的贡献，他们二位是“亚洲价值观”的先锋，因此他们的政治见解的发展应该是值得关注的。

注　释

1.Duara, P. "Culture and consciousness: civilization discourse and the nation state in the 20th century", in Kwok Kian-Woon, I. Arumugam, K. Chia and Lee Chee Keng (Eds.). *We Asians: between past and future*, Singapore: Singapore Heritage Society and National Archives of Singapore, 2000, pp. 185-186.

2. Duara, P. "Culture and consciousness: civilization discourse and the nation state in the 20th century", in Kwok Kian-Woon, I. Arumugam, K. Chia and Lee Chee Keng (Eds.). *We Asians: between past and future*, Singapore: Singapore Heritage Society and National Archives of Singapore, 2000, pp. 185-186.

3.Chizuko, U. "Modern patriarchy and the formation of the Japanese nation state", in D. Denoon et al. (Eds.). *Multilingual Japan: palaeolithic to postmodern*, Cambridge: Cambridge University Press, 1996, pp. 213-215.

4.Indonesian Ministry of Foreign Affairs. *Africa-Asia Speaks from Bandong*, Djakarta:

Indonesian Ministry of Foreign Affairs, 1955, pp. 19-29.

5.Brown, D. *The State and Ethnic Politics in Southeast Asia*, London and New York: Rougtledge, 1994, p. 89.

6.Zinuddin, A. *A Short History of Indonesia*, Melbourne: Cassell Austrialia, 1968, p.259.

7.Brown, D. The *State and Ethnic Politics in Southeast Asia*, London and New York: Routledge, 1994, p. 89.

8.Anwar Ibrahim. "Globalisation and the cultural re-empowerment of Asia", in J. Camilleri and Chandra Muzaffar (Eds.). *Globalisation: the perspective and experiences of the religious traditions of Asia Pacific*, Petaling, Jaya, Malaysia: International Movement for a Just World, 1998, p. 2.

9.See interview with Sukarno and footage of record burnings and hair cuttings on Levy, C. and C. Olsen, *Riding the Tiger* Volume 3 [video-recording], Birchgrove, NSW: Australian Film Finance Corporation and Olsen Levy Productions, 1992.

10.Hefner, R. *Civil Islam: Muslims and democratization in Indonesia*, Princeton and Oxford: Princeton University Press, 2000, p. 104.

11.Surin, M. "Joining the values debate: the peculiar case of Thailand", *Sojourn*, 1999, vol. 14, pp. 406-407.

12.Hutanuwatr, P. "Globalisation seen from a Buddhist perspective", in J. Camilleri and Chandra Muzaffar (Eds.). *Globalisation*, pp. 91-92.

13.Aung San Suu Kyi. "Human rights and Asia's fear of disorder", *New Perspectives Quarterly*, 1995, Winter, p. 52.

14.Noor, F. "Beyond Eurocentrism: the need for a multicultural understanding of human rights", in M. Meijer (Ed.). *Dealing with Human Rights: Asian and Western views on the value of human rights*, Oxford: WorldView, Amsterdam: Greger Publishing, Bloomfield, CT: Kumarian Press, 2001, pp. 55-56.

15.Wilox, W. "In their image: the Vietnamese Communist Party, the 'West', and the Social Evils Campaign of 1996", *Bulletin of Concerned Asian Scholars*, 2000, vol. 32, no.4, p. 16.

16.Marr, D. and S. Rosen. "Chinese and Vietnamese youth in the 1990s", in A. Chan, B. Kerkvliet and J. Unger (Eds.). *Transforming Asian Socialism: China and Vietnam compared*, Sydney: Allen & Unwin, 1999, p. 181.

17.See the first hand reports of several participants in R. Wilkins et al., *Executive Summary and Nairobi Conference Report: NGO Family Voice Participation at the Nairobi Conference: United Nations Commission on Human Settlements 16th Session*, Nairobi, Kenya, April 21-May 10, 1997, Provo, Utah: J. Reuben Clark Law School, Brigham Young University, 1977.

18.See the first hand reports of several participants in R. Wilkins et al., *Executive Summary and Nairobi Conference Report: NGO Family Voice Participation at the Nairobi Conference: United Nations Commission on Human Settlements 16th Session*, Nairobi, Kenya, April 21-May 10, 1997, Provo, Utah: J. Reuben Clark Law School, Brigham Young University, 1977, p. 963.

19.Goh Keng Swee in *the Straits Times*, 30 December, 1982.

20.Wouters, C. "Balancing sex and love since the 1960s sexual revolution", *Theory, Culture & Society*, 1998, vol. 15, pp.187-188.

21.Cited in Berns, W. "Pornography versus democracy", *Society*, 1999, vol. 36, no. 6, p. 17.

22.Bailey, B. "Prescribing the pill: politics, culture and the sexual revolution America's heartland", *Journal of Social History*, 1997, vol.4, p. 836.

23.Marwick, A. The Sixties, p. 803.

24.Marwick, A. The Sixties, p. 803.

25.Fukuyama, F. *The Great Disruption: human nature and the reconstitution of social order*, London: Profile Books, 1999.

26.Fukuyama, F. *The Great Disruption: human nature and the reconstitution of social order*, London: Profile Books, 1999.

27.Fukuyama, F. *The Great Disruption: human nature and the reconstitution of social order*, London: Profile Books, 1999.

28.Wei-Shiuan Jeng and P. Mckendry, "A comparative study of divorce in three Chinese societies: Taiwan, Singapore and Hongkong", *International Journal of Sociology of the Family*, 1999, vol. 29, no. 2, p. 1.

29.Chan, J. "Asian values and human rights: an alternative view", in L. Diamond and M. Plattner (Eds.). *Democracy in East Asia*, Baltimore and London: The Johns Hopkins University Press, 1998, pp. 32-33.

30.Gammeltoft, T. and R. Herno. "Human rights in Vietnam: exploring tensions and ambiguities", in M. Jacobsen and Ole Bruun (Eds.). *Human Rights and Asian Values*, London and New York: Routledge, 2011, pp. 159-177.

31.Rodan, G. "The internationalization of ideological conflict: Asia's new significance", *the Pacific Review*, 1996, vol. 9, pp. 328-351.

32.Khoo Boo Teik. *Paradoxes of Mahthirism: an intellectual biography of Mahathir Mohamad*, Kuala Lumpur: Oxford University Press, 1995, p. 69.

33.Khoo Boo Teik. *Paradoxes of Mahthirism: an intellectual biography of Mahathir Mohamad*, Kuala Lumpur: Oxford University Press, 1995, p. 68.

34.Azizi Zariza Ahmed. *Mahathir's Paradigm Shift: the man behind the vision*, Taiping, Malaysia: Firma Malaysia Publishing, 1997, p. 87.

35.Lee Kuan Yew. "Productivity: who benefits?", *Productivity Digest*, 1982, vol. 1, no. 5, p. 4.

36.Vogel, E. *Japan as Number One: lessons for America*, Cambridge, Mass: Harvard University Press, 1979.

37.Vogel, E. *The Four Little Dragons: the spread of industrialization in East Asia*, Cambridge, Mass: Harvard University Press, 1991.

38.Vogel, E. *Japan as Number One*, p. 225.

39.Kahn, H. and T. Pepper. *The Japanese Challenge: the success and failure of economic success*, New York: Crowell, 1979; and Kahn, H. with the Hudson Institute, *World Economic Development: 1979 and beyond*, Boulder, Colorado: Westview Press, 1979.

40.Vogel, E. *The Four Little Dragons: the spread of industrialization in East Asia*, Cambridge, Mass: Harvard University Press, 1991.

41.Vogel, E. *The Four Little Dragons: the spread of industrialization in East Asia*, Cambridge, Mass: Harvard University Press, 1991, p. 53.

42.World Bank. *The East Asia Miracle: economic growth and public policy*, Oxford: Oxford University Press for the World Bank, 1993.

第三章　亚洲文化价值观的发展史——微观

第一节　李光耀与其他学者的观点之争

有人认为就“亚洲价值观”展开争论是没有立足点的，因为“亚洲价值观”起源于新加坡，而新加坡是最不稳定、多元文化的、现代的并带有西方“弊病”的国家之一。另一方面值得注意的是，非自由民主主张来自于两个历来最民主的亚太国家：新加坡和马来西亚。我们其实可以找到“亚洲价值观”更准确的源头和“亚洲价值观”运动的发展历程。因为在每个国家都有一个特别的人在记录着“亚洲价值观”进程：新加坡的李光耀和马来西亚的马哈蒂尔。他们每个人都有几十年的政治生涯（确切地讲是以执政者的身份），他们的个人经历使主流文化发展局面和政治现象的重组成为可能。如果前一章所支持的观点从广义上讲是成立的，这项研究可以揭示一些在亚洲地区根深蒂固的社会观和政治观，他们基于社会阶级、社会秩序和共产主义优秀品德之上。

第二节　李　光　耀

李光耀首次涉足“亚洲价值观”政治起源于1976年荷兰工党通过社会党国际对新加坡人民行动党政府的抨击。那时，新加坡人民行动党依然是社会党国际的成员，民主社会主义依旧是争论的一部分。20世纪70年代中期，新加坡人民行动党毫无来由地被批判为既不民主也不社会主义，并被威胁逐出组织。新加坡人民行动党之后以脱离社会党国际作为回应，随后就新加坡的成就为本次行动发布了激烈的辩护：新加坡宣称已经找到了一条“新加坡式的道路”来实现社会主义，并同时保证民主和国家利益。[1]但是尽管新加坡人民行动党为其努力辩护，李光耀政府中重要政纲条目的合理化神话也被西方批判得一无是处，这一点引起了他的强烈不满。自新加坡人民行动党上任以来，“民主社会主义”在“西方标准”限定的任何情况下都已经不可能实现了。之后李光耀放弃了对“民主社会主义”的辩护，只是简单地告知世界和选民无视各种批评，因为走“新加坡式的道路”已经向世人宣布了答案。在1977年一次主题为“亚洲价值观和现代化”的学术会议上，“亚洲价值观”这一术语的引入似乎在努力填补这个思想和政权的合理性。[2]然而，这一努力从一开始似乎就存在着问题，因为无论如何都很难定义“亚洲价值观”本身。外交部长拉贾拉特南以罕见的消极评论结束了会议：

> 我非常怀疑这样一个“亚洲价值观”是否真的存在……如果它有丝毫意义的话也仅仅是一个方便描述这种多元的，夹杂着各种矛盾的、复杂的信仰、偏见和价值观编制成的社会网络的手段，而这个复杂的网络编制的地点恰巧在地理意义上被归为亚洲地区。[3]

会议强调了“亚洲价值观”一词的不合理性。除了拉贾拉特南的批评之外，由候翼文定义的唯一的“亚洲价值观”是阻挡现代化发展的“保守主义”价值观，[4]而彼特·陈发现了亚洲文化的多样性并宣称“亚洲价值观”只限于讨论“东亚文化”的价值观，且故意忽略了其他亚洲文化的价值观。[5]这次会议标志着李光耀期望建立一个有用的“亚洲价值观”本质主义计划的挫败，但以他的睿智，他能够意识到“亚洲价值观”这条路并不会长远。他转而又回到了之前曾经褒扬与推进的“中国”和“儒学”价值观的观点中。然而，即便他有采用了“儒学”价值观的辩解，李光耀也只想提倡阅读部分儒学典籍。他想推行的价值观是第一章提到的“亚洲价值观”争论的那些特性：以国家和家庭为中心的共产主义、勤奋、节俭和教育。追溯李光耀这些观点的发展有助于我们理解隐含在“亚洲价值观”争论背后夹杂着的“率性”和“功利主义”的混合性特征。

第三节　共产主义

在20世纪60年代中期，共产主义已经成为李光耀的主导思想，这一点我们可以从他当时为顺应政府的意志，对工会和大多数民间团体给出的声明、演讲、咨文等官方内容中发现。1965年8月，新加坡在敌对的氛围中从马来西亚独立出去，作为一个城市国家，新加坡的未来充满未知数。李光耀宣布他正在筹建一个"强健的"、"紧密结合"的社会来保证国家的可持续性发展。[6]他在1965年发表了宣言，声明3个月之内新加坡即将独立。他曾在当时发表声明说："新加坡目前正面临一次挑战，所以我们必须养育强健的一代来保证我们的可持续性发展。"这标志了李光耀高调提倡"共产主义价值观"和建立理想化"强健的社会"时代的开始。新加坡政府一直以来所倾向支持的公民社会元素的发展得以加速、加强，其目标是把整个社会转变成朝向一个目标发展的"组织严密的社会"[7]，即一个中央集权的政府领导下的社会。他谈到的"强健社会"意味着社会作为一个有机的整体变得"强健"并且能够迅速恢复活力。李光耀设想把社会中个体成员的"强健"看作类似于一个集体中每个成员们的强健，这一点儿是由成员的"本能"决定的。[8]几个月后，他再次赞扬新加坡是一个"团结的民族"，具有"团队精神"和"气魄"。[9]

毋庸置疑，李光耀从马来西亚独立的事实中获得启发，之后通过实现共产主义的理念鼓励新加坡民众。然而，早在1962年，也就是新加坡还是英国的自治殖民地时，李光耀就披露了他对共产主义社会准则优点的信心。当他谈到在刚刚访问过的国家中所观察到的社会现象时，他说："……如果没有共产主义的社会准则，每个人就会只做自己想做的而不会积极地从事自己被集体要求做的。因此这种社会准则是所有行为的动力。"[10]

李光耀的强健社会构想是共产主义的，但从这次研究的角度看，极有意义的是他是在文化主张和实践之上建立的他的强健社会理念。1965年，李光耀开始提出新加坡人们不应沉迷于历史上的荣誉，而应着眼于当前的社会发展，也因此赢得了名声。然而，之后在1966年8月，在没有任何征兆的前提下，他又突然开始惋惜新加坡作为年轻的国家缺少传统，并以新加坡为反面例证，开始强调社会传统的益处。[11]两个月后的1966年10月，李光耀的思想又在新加坡大学举办的会议上萌生出的新想法。在这次演讲中，他详细地谈了新加坡的地方公共文化在“强健社会”发展中起到的积极作用。他寻求建立一个基于保留传统文化的社会共识，并希望各个种族社区把他们的文化遗产当成精神支柱，以便于每个人都变成“强健”的社会成员。他说，失去文化根基而没有建立一个适当的替代这些优秀传统的代价很可能会使人们成为“失去灵魂的生物”和“非常脆弱的民族”[12]。一个月后，李光耀创造了一个新名词——“文化根基”，来自于文化遗产，被全国人民认同的“先天力量”[13]。李光耀看到了文化和语言之间的联系，并希望在新加坡教学龄儿童“母语”，尽管是以相对于官方语言“英语”作为第二语言教授，这种教学也会给儿童们提供使他们变成强健的“人”所需的“文化根基”[14]。李光耀的文化主张受西方反文化思潮和“60年代”颓废现象所影响。西方由越战造成的学生反战运动威胁到了社会秩序和社会等级制度，而这些正是他主张的社会观的本质。他把相关文化的主张看作是反击西方对东亚文化价值观抨击的重要防线，尤其是关于中国文化和整体亚洲文化的批评。1971年，李光耀开始表达他的忧虑，那时他对刚刚发生不久的西方青年文化运动感到遗憾，尤其是对支持和平、城市游击队、自由恋爱和嬉皮士文化进行的暴力示威游行。他希望“亚洲家庭传统的重要性”可以预防过度模仿当时西方的社会运动而产生类似的社会暴力行为。[15]同年，他重复了这个观点，告诉一个英国听众他很有信心，认为新加坡在某种程度上“通过给人民灌输文化和社会价值观让人民对‘西方的罪恶’产生免疫力”[16]。一年后，李光耀开始时常对扎根于新加坡的中国文化给予极大关注并强调其优点和重要性。他曾对《海峡时报》说，接受同为中华文化教育的传统不仅在新加坡与中国结盟的时候证明他们本身是“同根”的，也“在西方反文化思潮兴起的时候，使新加坡人民对西方文化不屑一顾”并能够“保持新加坡人民的优势和凝聚力”[17]。虽然李光耀最基本的启发来自中国文化，但他把相似的“文化根基”特性归因于其他的亚洲文化，并开始认为每个人都应该保持自己的文化积淀与其带来的优势。因此，李光耀向印度听众传达了他给新加坡的华人社区相同的文化主张报告。[18]

因为英语的广泛使用，以及相对开放的媒体，李光耀认为新加坡非常容易受西方衰落文化的影响。1971年，李光耀依照自己的想法，十分清楚地表述了这个问题：

> ……新生国家的人们没有足够的钱仿效当代西方的时尚和偶像。富裕的美国有示威游行的怪异行为和有暴力倾向的青年及妇女，这些屡见于报纸和

电视报道的事情与新的发展中国家的社会经济环境是没有关系的。[19]

李光耀坚信美国反文化风潮潜在的渗透性，并以加拿大、英国和澳大利亚青年“效仿”美国人为例说明这一点，由于他们使用同一种语言——英语的关系，使他们成了“最小公分母”[20]。几年后他在一次主题为“认同美国价值观的危险”的演讲中提醒道：“放任和社会性的无纪律会导致混乱和衰退。”[21] 这一次，他把美国式民主和放任型社会的发展联系起来，为他提出“亚洲价值观”主张的共存关系的主要特点埋下了伏笔。李光耀在他 1979 年写给吴庆瑞副首相的一封公开信中证实了他对西方放任主义和亚洲家庭价值观之间分歧的看法：“我们不得不抵制现行的西方时尚。尤其要重视的是家庭内部的关系。我们必须加强所有亚洲社会中家庭关系的维系。”[22] 这封信发起了的道德教育、宗教知识和儒学课程的引入，这些知识的引入标志着在新加坡展开的“亚洲价值观”战役的开始。

到了 20 世纪 80 年代，反文化思潮仅仅成为了一个朦胧的记忆，但新加坡领导仍旧认为放任思想的“残余”是股强大的力量。当文化部长勒令禁止发行青年妇女杂志《大都会》时，他特别指出放任文化的持续负面影响力是发行禁令的主要原因。他效仿李光耀提倡了十几年的主张，告诉政府审查机构委员会的成员们：

> 我们不能允许任何来自大众传媒消费市场的浮躁的狂热思想扎根于我们的社会，在那些社会中，人们的思想存在着一种骚动，尤其可能挑战和破坏我们社会中每一个传统的价值观和制度。
>
> ……每个传统美德和价值观，例如热爱祖国或忠诚于配偶、尊老爱幼或对欲望的克制，都被这些狂热的思想潜在地系统地破坏过。[23]

第四节　儒学价值观

毫无疑问，“亚洲价值观”的许多元素比当下的争论出现得早，这一点不足为奇，但难以置信的是李光耀在 20 世纪 60 年代的看法跟其在 20 世纪 90 年代的言辞如此相近。然而这一时期新加坡在政治发展方面的经历远不只这些。在李光耀 20 世纪 60 年代发表的演讲中隐含着一种相关的、等级制度的、杰出人物统治论的和共产主义的视角，这些在广义上可以归功于“亚洲价值观”这一名词的无宗派性，虽然将李光耀提出的“亚洲价值观”的含义描述成“中国价值观”或者“儒学价值”观更加准确。李光耀对政治发展进程特有的看法是：精英的杰出人物统治论和共产主义。李光耀有意识地采用了帝王儒学模式来合理化他跟选民的关系。1966 年他简明扼要地阐释了他的观点：“对于有效的教学——例如给无知的听众，解释简单的货币或货币储备支持的基础知识，以及为什么货币机制会更加完善（如果我们这样或者那样做的话）——一个人不得不牺牲自己的时间和精力来帮助别人。”另外在演讲中李光耀还引入了社会“金字塔”的概念，用杰出人物统治论的言辞表达了他对社会远景的描述。李光耀所说的社会“金字塔”由顶端的“最高领导”、中部的“优秀管理者”和基层的“有高度公民意识的广大群众”组成。李光耀用一种军事化组织来补充他的金字塔比喻，并认为领导变成“中间阶层的优秀管理者”，是因为“如果没有高质量的管理者来执行他的想法、意见和计划，世上最好的将军或最好的首相也会陷入困境”。最底的阶层就是“大众”或“人民个体”。他们必须“不仅需要充实自我，还要有社会纪律的约束，以便他们能做到尊重集体，遵守社会公德（比如不到处吐痰）”[24]。李光耀提出的杰出人物统治论所指的等级制度社会观点中所包含的一个基本附带品是“精英统治”概念。李光耀推崇大部分理想化的中国儒学思想著作，坚信精英阶层会紧握他们的优越地位，因为他们有优秀的才能、品德和良好的教育，而不取决于他们的阶级、继承的财产或是家庭的社会地位。精英阶层的人应该最聪明，享有最良好的教育，最训练有素，并最具有活力、创新精神和自我完善的动力。

李光耀毫不掩饰他对自由主义的怀疑。甚至是 20 世纪 50 年代末期当他还是反对派领导人的时候，他就声明公民是为好政府服务的：“当我们的社会政治背景每况愈下时，用民主、自由这些不成熟的词语尝试欺骗自己是愚蠢的。”[25]之后，在作为首相的首次演讲中，他宣布对权利分流理论没有兴趣，他广泛地征兵并将行政部门称为政府的“政治臂膀”，这一号召最后得到了整个新加坡民众的支持，包括媒体、工会、社区教育中心。[26]他也支持运用一个政治统一的法律理论，把法庭的角色合理化成另一个建设国家、“维持良好政府”的手段。[27]

在李光耀眼里，民主发展的空间和进度并不大。根据记载显示，早在 1955 年，他认为民主是以结果来判断的“实验”——与他后来好政府优先于民主的实践的立场一致。[28]20 世纪 90 年代，他把对民主的怀疑、对好政府的支持和他的共产主义、文化相对论联系起来，因此得出：

各国的各个民族需要好政府。一个国家必须先发展经济，再实行民主。除了极少数例外，民主没能给发展中国家带来好政府。

……作为一个有中国文化背景的亚洲人，我的价值观是政府诚信、高效、有能力保护它的人民并给予所有的人在稳定有序的社会中提升自己的机会，同时他们也可以生活得很好并把下一代培养得比他们还优秀。[29]

值得一提的是，李光耀对民主的不信任至少有一部分来源于他经历的亚洲民主失败。20 世纪 90 年代，李光耀把 20 世纪 60 年代的缅甸作为民主局限性的例子提出来，并认为民主是强势的独裁政权（在这一点上，他出人意料地参考了奈温的经济发展记录）：

奈温曾经有一次管理缅甸的机会，他完全知道这意味着什么。他于 1957 年接管政权，到了 1958 年他用铁腕政权把这些地方整顿好了。这一点毫无疑问。路上成堆的垃圾，所有人把房子建在路中央……政客们互相排挤想比别人更受大众欢迎……所有这些恶习，到了奈温将军执政之后都被彻底地清除。他并不在意受大众欢迎，而在意做有意义的事情。他派出军队，清理干净道路，拆掉房屋，在计划好的地方修路。当他再去的时候，已经没有人民抵抗他了……[30]

这段文字来自李光耀在 20 世纪 90 年代接受的一次采访。1966 年，李光耀发表演讲感叹没有“社会纪律”的民主政治的倒塌，他提到类似缅甸的经历来证明在亚洲国家实行民主而产生的退步是更普遍的现象。[31]

然而，即使李光耀怀疑民主，实际上，他已经把选举胜利当作实现“好政府”所要采取的一切行动的令状啦。

第五节　家庭模式

然而，在现代的“亚洲价值观”争论的一个主要领域里，李光耀的主张前后并不太一致，这主要体现在他对“亚洲价值观”中家庭作用的阐释方面。李光耀并不是家庭的拥护者，这一点并不像西方社会保守党所认为的那样。他反而与西方社会相同，也拥护职业母亲、避孕药的使用、照顾子女、流产、绝育、优生学等。[32]李光耀还曾推断：单亲家庭和多配偶制对人口的“智力优化”潜在的好处。但1968年他在一次女子大学的学生会议中却讲道：

> 没有什么人可以代替来自父母的培养和教育，个人成长过程所受的教育中，发挥主要作用的是母亲……托儿所和幼儿园都是家的不合格的替代品。也许我们必须像西方发达社会那样，认识到到一个国家在女性公民上的投资所获得的回报与投资在男性公民上所获得的并不一样。[33]

1971年，他在赫尔辛基表示对报业协会的担忧：

> 在自己的传统生活方式和文化价值观环境中长大的人，对西方弊病有更强的抵抗力。无论如何，避孕药降低了生育率。但它一定会导致乱交、性病、裸露癖和家庭单元的破裂吗？我们不能下定论。我只能希望避孕药能增强亚洲家庭传统的重要性……能防止放纵行为、模仿当下西方的性解放。[34]

李光耀的政府加大支持家庭的力度，甚至还把它的建筑和社会安全政策基于这种鼓励和完整的大家庭设想的准则上。

家庭的作用为李光耀制造了一个难题，因为家庭应该是能承担两个矛盾的角色的。一方面，家需要成为社会的“基石”，并为家长式作风的国家提供理论基础；而另一方面家还被期望服从于国家和资本主义经济的需要，而这种服从经常是无条件的。新加坡人被指望在三世同堂的大家族中发挥自己的作用，所以他们能肩负照顾孩子、老人、病人和失业者的主要经济负担，而不是由国家来承担。[35] 新加坡的房屋政策鼓励三世同堂的家庭住得近一些，进而方便照顾家人。医疗和社会保障政策也鼓励成年子女在经济上帮助年迈的父母。政府部长也曾在《星期日报》的专题文章中敦促父母教他们的子女道德价值观、责任和尊敬老人。

政府相信他们能够控制生育，其手段主要通过"优化敏感型"经济与制度刺激和压制政策来做到。母亲的受教育程度、家庭里孩子的数量以及父亲或母亲是否绝育直接决定医院的分娩和产前检查费用、住房分配、公务员获得带薪产假、上好的学校甚至是政府的直接经济奖金。这种服从对家庭生活影响颇深。政府甚至可以决定家庭内部使用的语言，同时政府能够肩负起责任，对孩子进行道德、社会、公民教育来"防止新加坡成为盗贼之国"。[36] 政府还一直呼吁母亲加入付费劳动（即政府鼓励双职工），借此使父母不断通过第三方的帮助来抚养子女。尽管政府对抚养子女的态度带有亚洲价值观色彩，现在许多新加坡人把培养子女的任务交给"替代母亲"——基本上是祖父母，但经常也会是年长的兄弟姐妹、私人看护、托儿所或者是外国女佣。从父母对子女个人价值观的形成有"言传身教"的直接影响来看，这一社会问题尽管是起因于政府政策但也不全是归咎于这一个原因。

新加坡的家庭已经完全依赖于政府对它的特征和功能的导向。家变成了等级社会和共产主义家长式国家的典范。家对传统亚洲价值观传递的长期价值也是非常重要的。但李光耀的立场存在固有的矛盾，也表明至少在表面层次上他既是家庭共产主义者也是国家中心共产主义者。

很显然现代"亚洲价值观"争论的种子深深地埋藏在李光耀几十年的政见和非自由主义言论中，共产主义和文化主张在他的思想中根深蒂固。在相当高的程度上，20 世纪 90 年代的"亚洲价值观"争论仅仅是李光耀的看法。这些观点中没有一个否认引起他们对"亚洲价值观"关心的直接力量是政治和经济权宜的需求，但这也表明政治背后有更深层次的推动力在发挥作用。

第六节　马哈蒂尔的观点

马来西亚的首相马哈蒂尔似乎不太可能继承李光耀的政见，但他也许很支持李光耀的观点。马哈蒂尔曾经和李光耀一样认为“亚洲价值观”争论是全面具有生命力的，但他并非是亚洲价值观简单的“借用者”：跟李光耀一样，马哈蒂尔对“亚洲价值观”的支持主要是以政治利益、长期统治以及政治与信仰相结合的理念为基础的。马哈蒂尔在“亚洲价值观”争论中做出的贡献和发挥的作用集中在四个方面：自由民主、“东亚价值观”、职业道德、“西方价值观”（由于反对马来西亚的家庭价值观而带来的负面影响）以及西方对第三世界国家的不断探索。第四个因素是马哈蒂尔独有的，也是他跟李光耀完全不同的地方，但这一点与一些“亚洲价值观”批判者（例如詹德拉·穆扎法尔）的意见相同。[37]马哈蒂尔的所有关于这些争论领域的立场在某些意义上是与经济发展问题相联系的。

马哈蒂尔的民主非自由道路的发展并不是完全始终如一的，而是随着政治变革而发生转变的。它开始于1969年马来西亚的种族暴动余波，当时马来人领导的政府搁浅民主并通过临时的行动理事会统治。他在那年8月写道：

为什么不勇敢地说出马来西亚人民在可行的民主问题上太不成熟？为什么不挑明我们需要某些形式的专制统治？……民主进程的劣势是它不能让所有的人都满意。专制统治至少能创造一个稳定而强势的政府。[38]

这段文章表明马哈蒂尔可能把5月13日的暴乱当作反对民主进程的理由，但这是他的误解。眼下，对于马来人领导阶层马哈蒂尔是一位不留情面的批评者。已经在5月暴乱之前的选举中失去了众议院的席位的他，之后被马来民族统一机构除名，他甚至还写了第一本书：《马来人的困境》，并受到了压制。值得注意的是，一个处于弱势的反对派人物强烈反对承载着他未来的民主进程。的确，仔细阅读文章后证实这主要是对马来人政治领导阶层的战术挑战，而他争论的并不是民主本身。也许能做的最准确的观察是马哈蒂尔认为民主最多就是通向“好政府”的途径之一。20世纪80年代，马哈蒂尔作为现任首相而不是乐观的反对派人物，表达了他的担忧超出了他刚刚取得的能力范围——关于民主将权利交给无知的选民的威胁：

当代世界是反对独裁政治的。世界相信民主的前提是假设大多数人（即使是没有受过教育的和对政治并不了解的人）永远都必须是对的。这种信念的问题是投机取巧的人、流氓无赖和外国人也能参与投票。[39]

尽管马哈蒂尔非常保守，他也从来没有对多数裁定原则持有哪怕一点点的普遍谨慎态度。至今他仍坚持运行一个民主的国家并通过利用他在选举中的胜利为他的指令辩护。像李光耀一样，马哈蒂尔的争论的焦点是“自由民主”中的“自由”那一部分。1994 年，他认为：

> 西方对民权的解释是每个个体可以做他们想做的事，不受政府的任何限制。如果政府是被大多数人民自由地选举的话，这并不成问题。根据自由民主思想者，政府不能以任何方式反对社会个人的私人意愿。[40]

所以马哈蒂尔不后悔“采纳民主体制的选择”[41]。但在他推崇的民主中“重要的一点是作为领导人和政府在整个政策制定形成和实施过程中都不受失败的影响和威胁”，因为“没有威胁的政府有时会更公平”[42]。同样重要的是，“当特定群体煽动一些种族方面的争端时……政府必须以快速坚定地行动来防止任何可能的种族骚乱”。当提及对付种族骚乱威胁时，“政府不应该担心因褊狭受到谴责……”[43]。

1995 年，怀着对东亚文化的认同，他把自己的非自由道路和民主联系起来：

> 即使是粗略地看一下东亚概观，我们也相信强有力而稳健的政府乐意做满足国家利益的决定，虽然这些决定常常不受欢迎，这也是经济发展的先决条件……对于亚洲来说，民主并不是给予公民为所欲为的权利。[44]

评论家们普遍认同马来西亚式的民主几乎不会让公民为所欲为。首相支配行政部门、联邦议会、大多数州议会以及媒体，自 1988 年马哈蒂尔让司法制度在法律上为国会服务以来，从来没有任何机构对马来西亚政治体制进行实际意义上的审核和平衡。[45]

第七节　“东亚”价值观

马哈蒂尔带有“东亚”文化的对非民主思想的认同为他对“东亚”价值观的支持和职业道德建立了联系。他对中国、日本和韩国文化的赞赏在马来民族中看似罕见，但这是他政治主张中的主要特点。甚至在他还是医科学生时，他就已经开始思考马来西亚的中国人世界性的成功秘诀和随之而来的马来“落后”的秘密了。[46]到1970年，他为此写了一本书《马来人的困境》。大多数关于“马来人的困境”的争议集中在书的前部分，他在这部分提出了遗传和马来种族退化的理论，并认为马来人在文化和遗传上不如中国人。[47]这个假设为他后来坚持“积极性差别待遇”以帮助马来人追上中国人的观点提供了论证：一个标志着与李光耀的英才教育说法的“亚洲价值观”在根本上不同的立场。较不引人注目但很有意义的是书的后半部分，马哈蒂尔阐述了文化特性约束了马来人在世界舞台上的成功，这些特性包括礼貌、防御和对时间的懒散态度，他希望马来人培养相反的文化优点。[48]书中的表述和他有时清晰的陈述阐明了中国的店主是他眼中“被改良”的马来人的模范。[49]

尽管马哈蒂尔对“东亚文化”的支持会引起一些人对他想法中隐含的文化精髓主义产生怀疑，但他那种易受外界影响的对马来文化的态度和长期承认西方文化不全坏的意愿表明他的方法更富有经验。[50]在《马来人的困境》中，他严格按照某个风俗是阻碍还是促进进步来判断它的价值。有意思的是，1970年他看到的两个最基本的“马来性”元素，即封建主义和亚达特法（一种传统习惯），被归为只能被当作现实和或许会适应现代需要的特征。[51]这一言论突出了马哈蒂尔对“亚洲价值观”争论所做贡献的功利性本质，但以其本身而言，它并没有削弱他的主张，也没有导致他的方法不可信任的结果。

马哈蒂尔后来终止了他的“马来人劣等”理论，但他从未停止过他对中国商人的赞赏，并将这种赞赏延伸为对“东亚”价值观和职业道德的赞赏。[52]1981年，高升首相不久，他就开始通过“向东方看”的政策把自己的文化主张付诸实践，这个政策认可日本、韩国是成功文化的模范。但是，他所指的东亚从一开始就不是很清晰的，他是如何只指向日本、韩国这样的强势政府，以及他认为强势的政府在这些国家的成功中扮演什么样有用的角色。当马哈蒂尔因1983年的成功而赞扬日本人时，他对首相曾康弘的评价是：“不禁钦佩你和你的前任们，通过刻苦努力的工作和决定，帮助指引了第一个来自海岛农业社会的亚洲国家……”[53]很明显对于马哈蒂尔来说，强势稳定的政府的作用比它的民主事实有更深的意义。

第八节 同期西方的文化价值观

“向东方看”争论也是马哈蒂尔反对“西方文化”的大规模争论的一部分。在马哈蒂尔1982命令马来民族统一机构总会以“向东方看”来效仿东方的勤奋的同时，他指出：“用向东方看……来根除我们已经吸收的西方价值观。”[54]跟李光耀一样，马哈蒂尔对“西方价值观”缓慢而颓废的影响的关心看似是对20世纪60年代及以后席卷美国和大部分西方国家的自由主义和现实主义的反对。1995年，马哈蒂尔以对现代“西方价值观”在情感上的深刻厌恶毋庸置疑地攻击了“西方享乐主义”：

> 唯物主义、感官享受和自我中心是很普遍的。社会让步于个人和他们的欲望。这不可避免地导致了已建立的机构瓦解和对婚姻、家庭价值、长辈以及重要的风俗、习惯、传统的尊重逐渐减弱。这些被一套新的价值观在很大程度上建立在摒弃所有与精神信仰和集体生活有关的传统价值观之上的。[55]

近20年前，马哈蒂尔在他的书《挑战》中表达了类似的观点，有效地将它们和对没有职业道德的工人根深蒂固的成见联系起来。马哈蒂尔并不是全盘否定“西方价值观”[56]。实际上，他认为“老的价值观和西方体制”是值得效法的，是“秩序井然、有纪律且坚定的社会组织”，也是西方掌握科技和有用的“世俗性知识”的秘诀。[57]他抱怨战后“价值观转型”和“价值观崩坏”，特别是非殖民化以后美国在越南战场上被击败以及更多的学生抗议20世纪60年代的运动。[58]这次转型的成功涵盖了同性恋、吸毒、淫秽、色情、裸露、滥交、公民反抗、非婚同居、不尊敬父母以及宗教习俗的减少。[59]他还把乱伦、享乐主义和“完全永生”加进他对“西方价值观”的负面清单中。[60]

考虑到这些赘述，我们就不会特别惊讶于马哈蒂尔敌视新的“西方价值观”的初衷是他对家庭的关心，他相信家庭“为个人提供稳定感和安全感”：

> 我认为扎根于家庭和朋友的生活方式是关键。我有必要详谈西方人的家庭。很多人说两个男人生活在一起是一个家，两个女人生活在一起是一个家，未婚女人和她的孩子组成一个家。对于亚洲人来说这些都不是家。只有一个男人和一个女人因婚姻结合并生育了孩子才是家。西方对家庭的重新定义是完全不可接受的。[61]

从对马哈蒂尔的研究得出，许多西方学者认同他对这些“西方价值观”的批评，因为他的观点并不是宣称无与伦比的“亚洲”，这些其实都无关紧要。更重要的是他反对自由主义从根本上是基于他所感知到的“自由主义”对作为社会稳定安全动力的家庭和朋友的不良影响。

然而，值得注意的是马哈蒂尔对保守主义的反对和他对自由主义的反对一样强烈。[62]

第九节 新殖民主义

有趣的是，《挑战》（1976）也为马哈蒂尔关于西方对发展中国家持续不断地进行新殖民主义探索的“类阴谋论”埋下了伏笔。他警告说西方有意识地促使亚洲工人形成组织，并且煽动他们以要求涨工资的方式尝试降低或抬高发展中国家的工业生产成本。[63] 1995年他在东京又重复了这样的指责。[64]他甚至认为在前殖民地强加民主政府是让西方让他们的经济对手变得脆弱、不稳定并无效率的策略，这一主张着实让我们兜了好大的圈子才能理解他的想法。[65]

马哈蒂尔关于东西经济关系的新殖民主义本质理论在《挑战》出版6年后，使他当上首相时立即成了先锋式政治人物。他的首要行动之一就是主持政府赞助的格斯里种植公司（马来西亚的旧时英系的种植公司）投标的收购工作。收购由合法且政府所有的投资代理依照常规的伦敦证券交易所准则执行，但很明显是因马哈蒂尔而闻名的经济国有化的操练。英国也不示弱，谴责整个接管过程其实是“国有化”[66]，并改变了证券交易的规则以保护英国公司以后免受外国的收购。伊恩·科茨是格思里种植公司的行政董事，他认为这次收购“绝对是不光彩的”。马哈蒂尔回应道，如果一个公司“供认竞购，那么任何人都能参与竞购，无论是马来西亚人还是英国人”（在20年后的全球化时代看似无可争辩），并指责英国仍有“殖民主义心态”[67]。之后，他通过实施“最后购买英国货”战略逐步加深了争论，以此引发了官方实施的反对购买英国货运动。[68]“最后购买英国货”战略是平民主义对国际政治公然冒犯的回应，但它体现出马哈蒂尔更深的反殖民、反西方冲动，并塑造了他的首相职务特征，这一举动促成了他在1997年的对马来西亚的货币管制。

马哈蒂尔否认他在攻击全球化和货币投机的过程中推进了诸如阴谋论等事物的发展。更确切地说，他宣称西方以强国身份出发，推行一切能保持西方的财富和国际影响力的原则。所以，当富裕的西方需要自由贸易时，它坚持自由贸易；当它需要保护时，它就强加经济保护措施；当华尔街的投资者想从货币投机获利时，它让国际金融市场自由化。[69]但他的经济世界观的本质是对被剥削的发展中国家和富裕强势的发达国家的明显分歧的认识。马哈蒂尔在货币危机方面主张的最重要特点之一是他能第一本能地识别出西方的政治阴谋的行为：他指责乔治·索罗斯精心安排东南亚的货币崩溃，目的不仅仅是获得利润，还“对泰国和马来西亚施加压力来防止缅甸加入东南亚国家联盟”。[70]

马哈蒂尔对“亚洲价值观”的看法跟李光耀一样是他独有的，只是在某种程度上能够被推广成广义的“亚洲价值观”争论。这一限制突显了这个术语只能被用于限定意义的特点：“亚洲价值观”争论不是单一命题，而是一些观点和相关争论的综合体。其中有一些观点是相互矛盾的，但它们都是出于对“西方”直觉上的不信任。李光耀和马哈蒂尔有他们各自的历史并导致他们以一种抗争精神面对“西方”和西方的价值观及道德观。然而即便他们有所不同，他们各自看法的形成和结果比起不同点，相同点更多，而且几乎提供了与第二章确立的广义的亚太主张有形的联系。李光耀和马哈蒂尔政见的发展是多渠道的，是殖民后亚太国家对西方的看法的缩影，这个看法远远超出了“亚洲价值观”的宗教政治。这个看法有三个主要特性：对西方过去和现在的罪孽普遍的憎恶；拒绝西方个人主义和放任；直到20世纪90年代末期的金融危机前对社会经济和政治事件的盲目自信，其中包括重视发展成就多过民主理论的经验主义。但即使有这些推动力，“亚洲价值观”争论的直接原因仍要追溯到20世纪90年代初期（始于1989年）。

注　释

1.Nair, D. (Ed.). *Socialism That Works...the Singapore way*, Singapore: Federal Publications, 1976.

2.Seah Chee Meow (Ed.). *Asian Values and Modernization*, Singapore: Singapore University Press, 1977, pp. vii-viii.

3.Seah Chee Meow (Ed.). *Asian Values and Modernization*, Singapore: Singapore University Press, 1977, p. 95.

4.Seah Chee Meow (Ed.). *Asian Values and Modernization*, Singapore: Singapore University Press, 1977, pp. 1-20.

5.Seah Chee Meow (Ed.). *Asian Values and Modernization*, Singapore: Singapore University Press, 1977, p. 29.

6.Lee's address at the Tanjong Pagar Community Centre, 30 October, 1965, in Lee Kuan Yew, *Prime Minister's Speeches, Press Conferences, Interviews, Statements, etc.*, Singapore: Prime Minister's Office, 1959-1990.

7.Lee Kuan Yew. *The Mirror*, 1966, vol. 2, no. 30, p. 1.

8.Lee's address to the Political Study Centre, 15 April, 1965, in *Lee, Prime Minister's Speeches etc*., and Lee Kuan Yew. *New Bearings in Our Education System*, Singapore: Ministry of Culture, 1966-1967, p. 19.

9.Lee's speech at Tanjong Katong School, 13 June, 1965, in *Lee, Prime Minister's Speeches*, etc.

10.Lee's broadcast version of a talk to civil servants at the Political Study Centre, 14 June, 1962, in *Lee, Prime Minister's Speeches, etc.*

11.Lee's address at the Annual Review and Display of the Boy's Brigade, Singapore Battalion, 28 August, 1966, in *Lee, Prime Minister's Speeches, etc.*

12.Lee in "Questions and answers after Prime Minister's address on 'University autonomy and social responsibility' at the Historical Society Meeting at the University of Singapore", 24 November, 1966, in *Lee, Prime Minister's Speeches, etc.*

13.Lee's address at the opening of seminar on "Education and nation building",

27 December 1966, in Lee Kuan Yew, *Lee Kuan Yew and the Chinese Community in Singapore*, Singapore: Singapore Chinese Chamber of Commerce and Industry and Singapore Federation of Chinese Clan Association, 1991, p. 29.

14.Vasil, R. *Governing Singapore*, Singapore: Eastern Universities,1984, p.29.

15.Lee's address to the General Assembly of the International Press Institute at Helsinki, 9 June, 1971, in D. Nair, *Socialism That Works*, pp. 173-177.

16.Lee's speech when accepting Honorary Doctor of Laws, University of Liverpool, in *the Straits Times*, 5 November, 1971.

17.Interview with Goh Keng Swee in *the Straits Times*, 4 February, 1982.

18.Lee's speech at Tamil Festival, 5 February, 1967, in *Lee*, *Prime Minister's Speeches, etc.*

19.Lee's address to the General Assembly of the International Press Institute at Helsinki, 9 June, 1971, p. 175.

20.Lee Kuan Yew's address to Singapore Teachers Union's 26th Anniversary Dinner, 5 November, 1972, *The Mirror*, 1972, vol. 8, no. 47, p.4.

21.Lee Kuan Yew's speech to CHOGM Meeting in Kingston, 30 April, 1975, in *Lee*, *Prime Minister's Speeches, etc.*

22.Goh Keng Swee and the Education Study Team. *Report of the Ministry of Education*, *1978*, Singapore: Government of Singapore, 1979, p. v.

23.*The Straits Times*, 19 February, 1983.

24.Lee. *New Bearings in Our Education System*, 7, 12-13.

25.Singapore Legislative Assembly. *Debates official report*, 8 October, 1958, column 807.

26.Lee's address to the Civil Service Study Centre, 15 August, 1959, in *Lee*, *Prime Minister's Speeches, etc.*

27.Lee's address to the University of Singapore Law Society Annual Dinner, 18 January, 1962, in *Lee*, *Prime Minister's Speeches*, etc.

28.Singapore. *Legislative Assembly*, 24 November, 1955, column 1239.

29.Lee Kuan Yew. Democracy, human rights, and the realities, *Ministerial Speeches*, Singapore, 1992, vol. 16, pp. 20-37.

30.Han Fook Kwang, Warren Fernandez and Sumiko Tan. *Lee Kuan Yew: the man and his ideas*, Singapore: Times Editions and The Straits Times Press, 1998, p. 137.

31.Lee Kuan Yew. New Bearings in Our Education System, p. 13.

32.Lee in *The Straits Times*, 3 and 8 January, 1987.

33.Lee's address to the 10th Anniversary Celebrations of Eusoff College, 5 October, 1968, in *Lee, Prime Minister's Speeches*, etc.

34.Lee in Nair, D. *Socialism That Works*, p. 175.

35.*The Straits Times*, 5 February, 1981 and 6 June, 1982.

36.*The Sunday Times*, 17 January, 1982.

37.Chandra Muzaffar. "From human rights to human dignity", in P. Van Ness (Ed.). *Debating Human Rights: critical essays from the United States and Asia*, London and New York: Routledge, 1999, pp. 25-31.

38.Cited in Far Eastern Economic Review, 18 September, 1969, p. 688.

39.Mahathir in August, 1986, cited in Khoo Boo Teik, *Paradoxes of Mahathirism: an intellectual biography of Mahathir Mohamad*, Kuala Lumpur: Oxford University Press, 1995, pp. 275-276.

40.Mahathir's keynote speech to a conference on "Rethinking human rights", in Just World Trust, *Human Wrongs: reflections on Western global dominance and its impact upon human rights*, Penang: Just World Trust, 1996, p. 9.

41.Mahathir. cited in Aziz Zariza Ahmad, *Mahathir's Paradigm Shift: the man behind the vision*, Taiping, Malaysia: Firma Malaysia Publishing, 1997, p. 4.

42.Mahathir. cited in Aziz Zariza Ahmad, *Mahathir's Paradigm Shift: the man behind the vision*, Taiping, Malaysia: Firma Malaysia Publishing, 1997, p. 3.

43.Mahathir Mohamad and Shintaro Ishihara (trans. F. Baldwin). *The Voice of Asia: two leaders discuss the coming century*, Tokyo, New York, London: Kodansha International, 1995, pp. 82-83.

44.Mahathir. cited in Aziz Zariza Ahmad, *Mahathir's Paradigm Shift: the man behind the vision*, Taiping, Malaysia: Firma Malaysia Publishing, 1997, pp. 82-83.

45.Mahathir (writing under the pseudonym C.H.E. Det). "New thoughts on nationality", *Sunday Times, Singapore*, 9 April, 1950.

46.Mahathir Mohamad. *The Malay Dilemma*, Singapore, Kuala Lumpur: Times Books International, 1970, pp. 1-3, 16-31.

47.Mahathir Mohamad. *The Malay Dilemma, Singapore*, Kuala Lumpur: Times Books International, 1970, pp. 103-173.

48.Mahathir Mohamad. *The Malay Dilemma*, Singapore, Kuala Lumpur: Times Books International, 1970, p. 110.

49.*New Straits Times*, 16 March, 1995.

50.Mahathir. *The Malay Dilemma*, pp. 104-105.

51.*New Strait Times*, 12 May, 1997.

52.Khoo Boo Teik. *Paradoxes of Mahathirism*, Kuala Lumpur: Oxford University Press,1995, p. 68.

53.Khoo Boo Teik. *Paradoxes of Mahathirism*, Kuala Lumpur: Oxford University Press,1995, p. 68.

54.Mahathir and Shintaro, *The Voice of Asia*, p. 80.

55.Mahathir Mohamad. *The Challenge*, Petaling Jaya, Malaysia: Pelanduk Publications, 1986, pp. 102-138. Originally published in Malay as Menghadapi Cabaran in 1976.

56.Mahathir Mohamad. *The Challenge*, Petaling Jaya, Malaysia: Pelanduk Publications, 1986, pp. 102-138. Originally published in Malay as Menghadapi Cabaran in 1976, pp. 25-47.

57.Mahathir Mohamad. *The Challenge*, Petaling Jaya, Malaysia: Pelanduk Publications, 1986, pp. 102-138. Originally published in Malay as Menghadapi Cabaran in 1976, pp. 46-7, 118.

58.Mahathir Mohamad. *The Challenge*, Petaling Jaya, Malaysia: Pelanduk Publications, 1986, pp. 102-138. Originally published in Malay as Menghadapi Cabaran in 1976., pp. 91-98, 103.

59.Just World Trust. *Human Wrongs*, p. 9.

60.Mahathir and Shintaro. *The Voice of Asia*, p. 85.

61.Eldridge, P. *The Politics of Human Rights in Southeast Asia*, London and New York: Routledge, 2002, p. 105.

62.Mahathir, *The Challenge*, pp. 49-50.

63.*New Straits Times*, 20 May, 1995.

64.Mahathir. *The Challenge*, pp. 52-54.

65.Khoo Boo Teik. *Paradox of Mahathirism*, p. 55.

66.Khoo Boo Teik. *Paradox of Mahathirism*, p. 56.

67.Khoo Boo Teik. *Paradox of Mahathirism*, p. 54-57.

68.*Asiaweek*, 27 March, 1997; Khoo Boo Teik, *Paradox of Mahathirism*, pp. 58-60.

69. *Fortune*, 29 September, 1997.

70.Mahathir Mohammad."Call me a heretic if you like: Malaysia is not going to prostrate itself to the dogmas of global capitalism", *Time*, September 21, 1998, p. 80.

第四章　中国文化价值观

现代书籍的起源要追溯到一篇名为《历史的终结》的文章，这是我1989年为季刊杂志《国家利益》写的。[1]其中，我认为前几年，全球达成了共识，自由民主将作为政府体制的有效组成部分，因为它战胜了敌对的思想意识，包括世袭君主制、法西斯主义以及近几年的集体主义。不仅如此，我还认为自由民主将会发展成“人类思想意识演变的终结点”和“人类政府的最终形式”，这些会构成“历史终结”。

——弗朗西斯·福山，《历史的终结和最后的人》（1992）

历史时代的终结和开始很少跟日历一样清晰。当然，这对参与者来说并不重要，因为他们通常过得无忧无虑并没有意识到一个“历史时代”正在终结或开始，但在1989年全世界都知道了一个时代的终结，欧洲的共产主义走向灭亡。同年5月苏联中国主席戈尔巴乔夫宣布了苏共的终结，当时他告诉西德总理科尔，前苏联将不再用军事力量支持东欧的共产主义。几年之后，全世界都目睹了这个历史时刻，欧洲共产主义的垂死挣扎。然而，“亚洲价值观”论述确实标志了一个更低调的文化政治交战的开始，并导致了各政府在贸易论坛、联合国以及类似的外交政治场合中不间断的“温热战”。[2]更广泛地说，整个亚太地区无政府级别的国际间和国内的“温和战”主要在宗教、文化、公民和政治运动方面。

第一节　冷战后的发展

大众观点来看，“亚洲价值观”争论是20世纪90年代的产物。这一看法并不十分准确，应该说20世纪90年代是“亚洲价值观”争论首次登上世界舞台更确切。争论的突然爆发的主要原因似乎集中在一系列独特的事件上，它们在20世纪90年代困扰着亚太、欧洲和美国。那时，西方对政治和经济领域抱有前所未有的自信。它刚打赢一场冷战，市场不断扩大、成长并越来越开放。在这个令人陶醉的氛围中，20世纪90年代东欧突然向民主的转型催生了一个观念——世界正处在一个波澜壮阔的新时代。一些学者指出自20世纪70年代“民主化浪潮”就已经席卷了世界，包括南欧和伊比利亚、南美和拉丁美洲，甚至近代非洲和东亚的一些地区。[3]关于中国走向民主的可能性，欧洲的精英进行了激烈的讨论。[4]

弗朗西斯·福山在宣告“历史终结”理论时，显现出非常自信。然而，重要的是，他试图将假定的自由主义胜利当作必然的结果。当认为这是必然结果的时候，它会把历史当作一个旁白者。就像电影预告片一样，历史仅仅是上映前的“开胃菜”，在这种情况下坚持政治经济自由主义是徒劳的，必然性只能借助于发生后的事实而产生。否则，即使我们发现了弗朗西斯·福山理论基础的不确定因素，但仍然没有理解其观念的全部内容：自由主义本身并没有胜利。[5]然而，关于“自由民主是政府能完整生存到20世纪末的唯一形式”这一假设的前提，弗朗西斯·福山宣称最后的胜利不是来自自由民主的实践，而是来自“自由的构想”[6]。除了忽视了非自由领导人的贡献和力量，弗朗西斯·福山还犯了混淆自由主义和民主思想的错误。如果弗朗西斯·福山曾经主张过民主思想是唯一能延续过20世纪的合理政体的观点，他就有一个理论的前提，因为实际上每个政体都要求代表人民的民主意愿。但正如他在其他地方意识到的，民主思想不是自由主义，并且它们都可以独立存在。[7]

然而，宣布取得了冷战的胜利后，现代的经济自由主义“资本家”（即跨国公司、对冲基金和银行的管理者）摘取了胜利的果实，并取代了为刺激战后经济秩序产生的仅存的国际社会民主精神。战时和战后一致同意重建欧洲、协助发展中国家以及建立规范的可托管的国际化金融贸易体系，于是产生了布雷顿森林机构——国际货币基金组织、世界银行和关税及贸易总协定（GATT）——以及衍生的马歇尔和可伦坡计划。这个体系在20世纪70年代的石油危机中解体了，但在20世纪90年代初期全球化的新自由主义精神完全压倒了原始推动力的最后残余，这件事的标志是1993年世界贸易组织（WTO）取代了关税及贸易总协定。关税及贸易总协定跟所有的布雷顿森林机构一样，被专门用来促进经济的发展和内部成员的就业。另一方面，世界贸易组织的目的是清除贸易壁垒。

自由主义者思想产生了惊人的转变，尽管在富有争议的“民主思想第三世界”中没有那么强大，但在整个欧洲、北美、南非、亚太和澳大利亚地区，撤销管制规定、“自由贸易”和全球化意识形态占据主导地位。所以保守党现在倾向于在经济自由主义的“祭坛”上牺牲社会稳定和渐进主义转变；劳工党为了国际市场放弃工人和公共事业；农民党（至少是澳大利亚的）放任农村工业和基础设施的摧毁。具有讽刺意味的是，对所有“亚洲价值观”争论的参与者来说，非民主思想甚至是社会主义的东亚国家在建设以市场和出口为导向的经济模式的成功事例为经济自由主义的思想意识的胜利做出了巨大贡献。在经济思想意识领域这些矛盾的最终结果是在政治和经济思想认识领域产生自由主义霸权，但弗朗西斯·福山并不满意这种形式的胜利。民主思想几乎是在21世纪维持霸权合法性的重要力量，但没理由相信现在的存在于经济或政治的自由主义霸权是永久性的。一旦有人意识到自由主义对“胜利”的有限作用，以及胜利并不是必然的，就不难发现历史还没有终结，只要人性未泯灭政治和经济就可以继续发展演变。

第二节　新的世界秩序

然而，即使弗朗西斯·福山的理论有缺陷，但毫无疑问的在20世纪90年代早期，西方被一种自由和人道主义思想必胜的浪潮席卷。除了热情高涨的专业学者做出的贡献，还有大量关于这种情绪及它对国际关系的实际影响的重要事件。比如说布什政府入侵巴拿马事件。这件事情发生在1989年，仅在柏林墙倒塌后一个月。两个月后，众议院以389票对26票通过了议案。研究这件事的意义不在于入侵这个事实或入侵的真正原因，而在于一定程度上是正义的，因为是它号召保卫民主不受右翼的独裁者迫害。尽管之后大家嘲讽这种以民主为由的行动，但布什的行动标志了美国外交的彻底转变，并开创了以军事干涉为主和外交为辅的新途径。在另一个更严重的军事干涉之后，美国外交转变的全部威力就显现出来了，当时美国利用强大的多国联盟在海湾战争中打败了伊拉克。之后，布什总统发表了题为“建立新世界秩序：实现自由承诺”的胜利演讲。[8] 演讲中的一段摘录证明了西方最高统治阶层的布什赤裸裸地表达的必胜观念、经济自由主义和共产主义的相互联系的看法跟弗朗西斯·福山非常相似：

> 这里，就在空军大学，需要你们用长远的目光来解读历史的教训。这也是我今天想告诉你们新世界形势和我们触手可及的新世界秩序展望的原因。40多年来，我们生活在东西方隔离的世界中，一个定格在军事冲突和思想分歧的冷战中。两个体系、两个超级大国被不信任和持续的敌意分开……战争已经结束了……
>
> 在以后几周我会将会关注冷战结束后产生的新的世界秩序的问题。最近几个星期我不仅关注了海湾，还关注了自由贸易、北美自由贸易协定以及乌拉圭回合贸易谈判“来建立世界贸易组织”……[9]

一年后，布什试图兑现他的诺言，这次他以美国的名义，意图拯救索马里饥饿的难民，这让美国陷入一个无私但具灾难性的人道主义干涉中。这次行动急速演变成了血腥的武装冲突。索马里的“黑鹰坠落”经历对“新世界秩序”有正面影响。灾难性的后果将使未来会选择使用军事行动变得更加谨慎：从那以后，首先会通过外交和其他非军事力量的形式来实现民主、政权。克林顿政府积极响应这种以民主为由的行动干涉。1993年，克林顿总统的国务卿沃伦·克里斯托弗甚至声明对外促进民主是美国外交政策的三大基柱之一。他的措辞让人联想起弗朗西斯·福山，美国外交政策会促进正在改变世界的全球性民主思想变革。通过支持民主推进，我们不仅仅发扬了最深层次的价值观，而且保护了我们国家的安定。历史表明民主思想的世界是更安全的世界，是一个致力于大多数人类发展的世界。它将会促进人类团结在一起。[10]

然而，美国的行为并不是天真的理想主义。类似的言论在欧洲非常普遍，如瓦文萨和哈维尔。斯堪的纳维亚国家、荷兰和德国的热情尤为高涨。联合国长期脱离实际，从不接近真实的世界，长久以来一直生存在冷战政策的夹缝中。

第三节　中国的价值观与西方价值观的博弈

因此，从西方观点的角度来看，中国“应该”是民主思想革命的一部分。同时，西方特别是美国受到了明显的地方社会问题困扰。犯罪、吸毒、家庭破裂、枪击、无家可归和种族关系紧张在美国非常盛行，以致克林顿总统和他的顾问质疑美国的个人主义民族精神是否做得太过火了。[11]1993年，克林顿站在马丁·路德·金发表最后演讲时站的讲坛上，重复了他的话：

> 我为自由而战……但不是人们不顾后果任意自相残杀的自由，也不是为了孩子进行生育和孩子的父亲离开他们并抛弃他们的自由，就像他们一事无成。[12]

不仅是保守者和宗教人士，像华盛顿邮报的大卫·布罗德和迪翁这样的传统进步派机构成员也加入了自我批评的统一论调中。与此同时，亚太地区正享受着社会凝聚力和经济成功。正如我们在第二、三章所述，20世纪60年代到20世纪80年代末期的社会混乱在西方社会达到顶峰，亚洲领导人正用怀疑的目光看着美洲和欧洲的社会混乱。他们大都自豪大多数亚太国家有能力在实现惊人的经济成长的同时免受“个人主义泛滥”的侵害，而“个人主义泛滥”的侵害在整个太平洋地区是很普遍的。然而，虽然他们的领导人虚张声势，但他们对自己的成功并没有安全感，他们深知要想持续的发展就需要把自己的产品卖给美洲和欧洲市场。对失去美国市场的担心成为了东亚国际关系的主要驱动力。1985年，当李光耀被邀请向美国的两个议会致辞时，在这个历史性的时刻，他曾说道：反对美国市场的回归保护主义，并要求更加开放的美国市场。亚太经济合作组织（APEC）作为一个非正式的团体在1989年成立，但毫无疑问的是它的主要目的是促进美国和亚洲成员间的自由贸易。[13]当美国开始筹建北美自由贸易联盟时，这一问题被摆到了更重要的位置上，因为美国的行为即将要把和亚洲国家的贸易及投资归入二等地位。

第四节　中国和东盟

20世纪90年代，西方与亚太国家的自信和不安全感结合一起登上了世界舞台，转变外交困境的任务产生了两种独立互补的策略。第一是要求发展中国家特别是中国要有特殊的文化和民族尊严。[14]所以政府用儒学思想的复兴来适用“发展权利”的主张，并强化中国式政体的合理性。中国支持1995—1998年的一系列关于儒学思想的国际学术会议。[15]李光耀担当了第三次和最后一次会议的名誉主席，在儒学思想的复兴中起了重要作用。

中国后来在战略上将第二种策略建立在第一条之上：在联合国建立新的保护性联盟时，攻击性和制胜外交的重新崛起本质上基于中国思想的主张。到1991年，国家开始关注缅甸的独裁军政府、印度尼西亚和马来西亚的劳工法以及印度尼西亚对东帝汶的持续统治。并且，在这些所有的事件中西方大国只是单方面地用经济制裁来威胁。这些行动是无计划性的，但却促使东盟和中国、缅甸联合起来共同进入防御状态。[16-17]

第五节　中国的“特殊国际地位”

到20世纪90年代早期，中国成为亚洲投资和贸易关注的焦点，被看作正在苏醒的巨人，拥有待开发的地区和西方的投资者。新加坡和马来西亚是中国忠实的贸易伙伴。在整个20世纪80年代，新加坡是中国的第四大国外投资来源，马来西亚也从20世纪80年代中期开始着重致力于双边贸易协定。同时，马来西亚正准备跟中国进行投资洽谈，马哈蒂尔在北京受到热情款待。虽然20世纪90年代早期亚洲对中国投资的实际数量没有那么高，中国政府也成功地塑造出了拥有巨大潜力的印象，以至于无论何时在东亚地区，如果中国的经济出现问题，通常被认为是对亚太地区经济繁荣的威胁。

中国可以继续利用与东南亚在历史上和战略上关系的主导性。自古以来，中国就是关键的东南亚大陆国际关系中的所有战略思考的主要参考点。如果我们把马来西亚当成东南亚的一个岛国，陆地国家则总是基于假想之上运转着，而这个假想就是:和中国和平相处的唯一方法是承认中国的国际影响力。即使缅甸和越南都认为在各自不同的历史时期击败过中国，但在这些时期他们的统治者（无论是国王、皇帝还是政治局）会对中国采取恭敬和尊重的态度。东南亚岛屿的反应变化更大：从新加坡、马来西亚的示好，到印度尼西亚害怕中国强大而表现出的不满。“中国的特殊之处”不是“亚洲价值观”本身，实际上它不太适合用“亚洲价值观”来处理国家主权问题。虽然如此，它还是这项讨论不可不提的一部分背景。[18]

注 释

1.Fukukyma, F. *The End of History and the Last Man*, London: Penguin, 1992, p. xi.

2.Margolin, J. L. "China: a long march in to the night", in S. Courtois, N. Werth, J. L. Panne, A. Paczkowski, K. Bartosek and J. L. Margolin (trans. J. Murphy and M. Kramer), *The Black Book of Communism*, Cambridge, M.A. and London: Harvard University Press, 1999, p. 464.

3.Huntingto, S. *Democratization in the Late Twentieth Century*, Norman and London: University of Oklahoma Press, 1991, especially pp. 21-26. Also see F. Fukuyama, The End of Hitory, pp. 13-51.

4.Lee Kuan Yew. *From Third World to First, the Singapore story 1965-2000: memories of Lee Kuan Yew*, Singapore, Singapore Press Holdings and Times Editions, 2000, pp. 548-550.

5.Fukuyama, F. *The End of History*, p. 45.

6.Forsythe, D. "US foreign policy and human rights: the price of principles after the cold war", in D. Forsythe (Ed.). *Human Rights and Comparative Foreign Policy*, Tokyo, New York, Paris: United Nations University Press, 2000, p. 24, for Clinton's personal confirmation of the policy in October, 1994.

7.Forsythe, D. "US foreign policy and human rights: the price of principles after the cold war", in D. Forsythe (Ed.). *Human Rights and Comparative Foreign Policy*, Tokyo, New York, Paris: United Nations University Press, 2000, p. 24, for Clinton's personal confirmation of the policy in October, 1994, pp. 42-44.

8.Bush, G. "The possibility of a new world order: unlocking the promise of freedom", *Vital Speeches of the Day*, vol. 57, 15 May, 1991, pp. 450-452.

9.Bush, G. "The possibility of a new world order: unlocking the promise of freedom", *Vital Speeches of the Day*, vol. 57, 15 May, 1991,p. 451.

10.Christopher, W. "U.S. foreign relations: international peace", *Vital Speeches of the Day*, 15 April, 1993, vol. 15, p. 387.

11.Kent, A. *Between Freedom and Subsistence: China and human rights*, Hong Kong: Oxford University Press, 1993, pp. 177-178.

12.Frohen, B. The *New Communitarians and the Crisis of Modern Liberalism*, Laurence: University of Kansas Press, 1996, p. 1.

13.Kent, A. *China, the United Nations, and Human Rights: the limits of compliance*, Philadelphia: University of Pennsylvania Press, 1999, pp. 52-56. See also, Nathan, A. "Human rights in China foreign policy", *The China Quarterly*, 1994, no. 139. pp. 636-638, for a concise account of China's diplomatic setbacks.

14.China's advocacy of "development rights"emerged as a fall-back position after the concept of "subsistence rights", which was advocated in Human Rights in China, failed to capture more than token endorsement from other developing nations.

15.De Bary, W. Preface, W. de Bary and Tu Weiming. *Confucianism and Human Rights*, New York: Columbia University Press, 1998, pp. xvi, xviii.

16.Zhu Feng. "Human rights problems and current Sino-American relations", in P. van Ness (Ed.). *Debating Human Rights: critical essays from the United States and Asia*, London and New York: Routledge, 1999, pp. 232-254.

17.ASEAN."Joint Communique of the Twenty-Fourth ASEAN Ministerial Meeting",

1991, Kuala Lumpur. Available HTTP: //www.asean.or.id/politics/pramm24.htm(accessed 19 June, 2000).

18.Zhao Ganheng. "Assessing China's impact on Asia-EU relations", in W. Stokhof and P. van der Velde (Eds.). *ASEM: The Asia-Europe Meeting: a window of opportunity*, London and New York: Kegan Paul International in association with the International Institute for Asian Studies, 1999, pp. 109-125.

第五章　世纪末：金融危机及以后

如果说所有问题都消失了，那“亚洲价值观”的争论或许在1993年就已经结束，但它还在继续扩大——带有更少的怨恨且更多的洗练。自越南会议后，争论发生了转变。两个最大的变化就是整个亚太地区民主思想的不断扩张和1997年8月的亚洲金融危机。[1]

第一节　亚洲文化特色的民主思想

自20世纪80年代中期以来，整个亚太地区的民主思想不断扩张，从根本上改变了“亚洲价值观”的论述，因为它提出了一个观念——从本质上讲民主并非亚洲人所原有。尽管李光耀坚持声明民主没有“一个好的政府”重要。印度尼西亚跟随着韩国、菲律宾以及泰国进行了各自的民主改革，让民主在儒学思想、佛家思想、基督教统治的亚洲国家中成为政府的基础。[2]竞选活动的盛行已经持续了很长时间，在这个意义上的大多数民主甚至可以被认为是“开放”或“自由”的民主。因此，20世纪90年代的印度尼西亚和韩国的全国大选的竞选方式没有任何限制。[3]

新加坡思想学派的“亚洲价值观”跟近几年亚太地区的做法相悖，他们认为亚洲国家民主政府的行为应该受限于执政者的方针。但是，在狂热的竞选大战背后，韩国、印度尼西亚这两个新民主思想国家表明仍然存在“亚洲价值观”批判“亚洲民主思想”的正确元素。[4]首先，竞选的最终结果和政府民主选举之后，政客们不得不尊重和顺从民意。其次，当总统行使自身权力时，联盟（开始时通常是临时和松散的）瓦解了，反对者和所谓的盟友开始反对他。凭借着“流行”的“党派之争”，每个人都设法把民众的声讨转移到其他政党。倒退到党派之争（一个鲜为人知的“亚洲价值观”）和联盟的瓦解从总体上揭示了中央集权主义和专制的推动力陷入了激烈的民主思想当中。

这种模式的出现给我们没有做到引进深厚文化的教训：例如，关于在不成熟的社会中民主治理的难度；以及关于执行权和立法权之间不和谐或不明确产生的危害。[5]还有很多有重要的文化内涵的教训。第一点：东方和东南亚的政客总是迎合不同选民对“西方”民主的期望。如果民主下的选民期望一致性，政客们就会在他们面前发表演讲，程式化地建立共识和精心的策划让选民的声讨瓦解，转向最能阐释韩国、爪哇等文化体制驱动下的对选民期望的政治回应。考虑到这两个国家是统一价值观和顺从统治者的文化期望的发源地。这两个新民主思想国家都表现出这方面的文化特色，但在之后的调查中显示，尽管这两个国家很相似但有很多细节的文化特色都不同，甚至连对传统的强调也有细微的不同。[6]

第二节　韩　　国

韩国的经历是提防任何本质主义趋势：这也提醒我们儒学思想总是不得不与地方文化的敌对方面竞争。大众化的儒学文化对韩国的民主和统治运行具有决定性影响，强调钟奥尼克姆所呼吁的“政治道德”优先于个人利益。[7]共识政治的必要性也很明显。2000年韩国的竞选把金大中推上了总统宝座，但不承认他在立法机关的领导地位，在这之后反对党领导人李会昌发表了如下共识友好的声明：

> 我们成为了第一号政党，我们（在立法机关的）众多席位中只有不足四个。这意味着人民现在希望我们不仅监督、批评政府，而且作为反对党积极领导国家议程。所以我尽力尊重人民的意愿，竞选结束后，在与总统金大中的会见中，我承诺实行对话合作政策。实际上，我们国家的执政党和在野党之间合作协同的政治文化还没有完全发展起来，我们正处在这种新起点上。[8]

这样的声明虽然很难实行，但是却提高了可信度，证明比起西方的政客，韩国的政客正在回应各阶层选民的期望。但政府和反对党的“共识”在他们有机会实现之前就瓦解了，“共识”只是传统的韩国政治“军械库”中的一个政治武器。

在程式化的服从、共识理念的背后，政客们从不愿舍弃韩国几个世纪的传统，它们最多也就是儒学思想遗留的间接部分：专制中央集权主义、地方性党派之争以及韩国人特有的个人忠诚和异议观念。这些地方习惯让韩国更易受贫穷的危险分子和脆弱的民主统治的影响。专制中央集权主义传统很可能是这些特性中最具决定性也是最明显的。它直接起源于很多个世纪前韩国还是中国的附属国的时候，那时它在国王专制的领导下受高度集权化的官僚体制的统治。整个社会完全采用了最集权化和官僚化的新儒学思想意识，并把它们强化到连中国也从未实现的程度，这些是由本质决定的。[9]日本在20世纪中期对它的殖民统治更加深化了权利的集中。战后宪法（包括现在的民主宪法）通过授权总统极大的权利和酌情权，这使得中央集权专制遗留更长久，从20世纪90年代一系列的观点投票来看，这种情势是对大多数韩国人的期望的合理回应。实际上，一项调查中53%的回应者强烈认为危急时刻的领导比民主思想更重要，并且只有小部分完全反对“由朴正熙这样的领导来统治”，他们认为这种解决办法是挑战1997年8月的亚洲金融危机的。[10]

第三节 印度尼西亚

至于印度尼西亚，不难认为文化在国家的民主治理经验中扮演了重要的角色，但直到今天，结果还是不尽人意。尽管印度尼西亚文化与儒学思想完全不一样，但它们之间的相似性不能小觑。如果有什么区别的话，那就是在国家政府层面上共识的推进甚至比韩国还强势。当梅加瓦蒂总统在2001年8月宣布她的第一个广泛的联盟内阁时，她授予它“互助合作内阁”或“聚拢性（或齐心协力）内阁”的称号，来激起象征意义的“共识”。她的前任瓦希德没有必要在其“作秀”中表现得这么明显，因为每个人都知道她是作为最后的折中候选人被当选为总统的。新内阁包含了原来的专业集团党、军事、人民民主党斗争的代表等。她设法在营造共识、保全面子的理想模式下进行操作，这种模式象征着爪哇人对直接交锋的厌恶，虽未成功，却毫无疑问的是统治者说了算。不幸的是，她未能证明具有互补性的爪哇人的优点，能通过她个人的绝对魄力结束混乱并实现有序和繁荣。[11] 相反，笨拙的感知能力让她的联盟延伸到极限，使她面对嘲笑和弹劾。

瓦希德对印度尼西亚的统治表现在：无效的政策、种族和宗教恐怖主义、精英阴谋和对权威以及瓦希德总统本人的不尊重。面对这个事实，继续"亚洲价值观"共识的课题、顺从这些权势似乎是不明智的。然而，他们所做出的努力似乎也是合理的，不是因为印度尼西亚的共识和顺从曾经确实存在过。恰恰相反，重要性在于通过爪哇共识、顺从和权利预期判断印度尼西亚政体的持久模式，这是哈图·阿迪尔神话的具体化。在本·尼科特·安德森的《语言和权力》这篇文章中被描述得最到位：

> 或许秩序井然的爪哇政体最准确的形象是反射灯投射的锥形的光……爪哇的传统政体是找寻观念上的权利和权威的单一普遍来源。随着与灯泡的距离越来越远，灯的光辉逐渐减少，这是爪哇观念的贴切比喻，不仅在国家结构上，而且在中心边缘关系和领土主权上……光的统一质量表现出权利均匀的理念……
>
> 传统政体的核心永远是统治者，他是社会团体的化身。这个团体本身也是权利象征的中心……[12]

文章还描述了瓦希德在接下来30年的统治中所用的理念，通过这些理念，很多印度尼西亚人认为他失败了。瓦希德认为他能通过发布一些政令让印度尼西亚东山再起，之后他作为巡回大使的角色一厢情愿地倾注了大量精力。但如果我们假设他和他的选民都希望他像安德森描述的那样做真实的赤裸裸的权利的源头，那么就能解释这两个不实际的期望。似乎领导人和被领导人都希望瓦希德用专横但如仁慈的父亲（伯伯）照顾自己孩子的方式来统治，这个现象反映了根深蒂固的爪哇人渴望在父亲的保护形象中找到孩子般的安全感的思想。[13] 印度尼西亚能否，而且会怎样运用这些文化影响力和不实际的期望，这还尚待分晓。毕竟，日本也把孩子般的依赖褒扬为成人美德，[14] 并曾经把很大的希望放在父亲一样的领导人身上，但它还是设法修改民主和自己的文化需要来实行切实可行的调整。

第四节 个人政治

亚洲民主思想的另一个基本特征似乎是他们的个性：重视领导者的品格，以及“当代”选民明显的“客户—赞助人”心理。这一特征在整个亚太地区非常明显，尽管有完善的政府体系。对胡志明、金日成、西哈努克、苏加诺的狂热崇拜代表了这个趋势的最高峰。亚洲政治的人格主义已经成了一些学术探究的主题，但它仍然被当作亚太地区民主思想的持续特征。然而，迄今为止被当作典型例子的两个民主政体（韩国和印度尼西亚）中有足够的证据证明人格主义推动力的延续。印度尼西亚就是一个例子，在那里人格主义的持续最为明显。瓦希德虽然依旧因“Gus Dur（兄长）”这个昵称闻名于整个国家，和前总统苏加诺（梅加瓦蒂的父亲）以“Bung Karno（朋友或伙伴）”闻名几乎一样，但他还是下台了。瓦希德离任后，希望和好感就转移到了梅加瓦蒂的身上，只是因为她是苏加诺的女儿。考虑到印度尼西亚人偏向于把大量信任寄托在一个人手中，就在所难免地得出这个结论：爪哇的仁慈、全能的印度佛家思想神王谬见依然是文化象征。

在韩国，人格主义也同样强烈，但已经更加完全地融入到了政党的政治体系中，这个体系基于对个人领导力和地方主义的忠诚。在大多数西方民主政体中，领导者来来往往而政党却或多或少保持不变，然而，在韩国，每次领导班子的改组几乎都会导致政党重组为新的实体。最近执政的一些政党就是典型的例子。1987—1995 年，前执政党有四个表现形式：民主正义党、自由民主党、新韩国党和大国家党依次适应全斗焕、卢泰愚、金钟泌和金泳三的政治需要。金大中的政党媒介有类似的反复无常但壮观的历史。之后，金大中总统就好像要证明政党要从属于个性一样，实际上他在 2011 年 11 月放弃了正式的政党联盟。[15]

可以认为在亚洲人格主义普遍化的政局中日本是个例外，因为它建立了一个政治体系：最高层的工作人员比无党派官员少。然而，在看到政治王朝在国家领导力中的重要性时，这一主张有点站不住脚。不仅最近的 4 个首相是国会议员的子孙，而且随后的 2000 年的竞选中，1/3 的人民代表是前国会议员的后代。[16] 尽管 20 世纪 90 年代进行竞选改革试图终止这些经常被指责保留地方寡头政治的“腐败选区”，但依旧存在。日本人似乎很满意由一定圈子里跨代的政治世家做代表。

然而，日本几乎不让对领导人的崇拜影响政治倾向，必须承认在这个意义上，它是人格主义的普遍化的例外。有趣的是：另一个仅有的相对没有严重人格主义的亚太国家是泰国，它同样在选民阶层有明显的人格主义，但相对地抵制它的国家领导人。也许秘密在于日本和泰国共有的另一个特征——有名无实的君主统治。日本天皇和泰国国王都没有任何实权，但都是备受臣民爱戴的象征。这最后很难证明但这个共同点说明这两个国家没有高水准的政治人格主义也许是因为将他们对政客的崇拜转移到了受爱戴的君主身上。也就是说，也许人格主义依旧很强烈，只不过是它有了非政治性的归属。

这些观点不是基于把亚洲和西方民主思想浓缩成永久或排外的文化营地的视角——或者也不是基于把他们看成文化一致的牛奶冻的想象。连本章提到的普遍化也不能一致适用整个亚太地区。人格主义几乎是全球性的特征，但共识文化却远非如此。就连在我们所研究的三个新民主思想之内，也发现关于共识文化的观点只适用韩国的一些实体条件。如果我们更深入些，就会发现正如本章前部分所描述的，无论是泰国还是菲律宾都没有共识文化。亚洲政治文化的种类如此之多以至于讨论“亚洲民主思想”根本就是误导。当然，有的亚洲的民主思想带有自己的国家政治文化，有的国家甚至同时存在一个敌对的政治文化。总的来说，这些可以做更广泛和普遍化——特别是那些有儒学和华夏文化遗产的国家——但任何普遍化只不过是针对可比较的特别的民族文化的控制。而且，亚洲和西方的民主思想文化在面临新影响和新挑战时都有希望发生改变。也许亚洲民主思想研究的真正教训是指望并接受各个国家政治文化的独一无二和类似文化的共同点，并且在评价民主化和统治的过程及预期时考虑文化政治本身。

第五节　货币危机

第二个引发“亚洲价值观”争论巨变的事件已经在第一章提到：1997年8月的亚洲金融危机。这次危机让“亚洲价值观”论述产生的最具戏剧性的结果是印度尼西亚的苏哈托政体的瓦解，以及看到自由思想被推翻的新奇感：落后的经济管理本不“应该”预示民主的来临，但它却是这样预示了。新秩序的瓦解大体上改变了东盟和亚太地区的平衡，让新加坡和马来西亚成为仅存的有力支持者和温和权威主义统治的开拓者。世界第四大国家民主化道路（在其他亚太国家民主化 10 年之后）的缺陷是最后一步取消掩盖霸权主义的“亚洲价值观”的合法地位。

货币危机会同样影响必胜主张，这个主张认为常见的工作和商务“亚洲方式”有固有的优越性。但正如第一章所看到的，这已经被儒学必胜信念取代了（至少李光耀是这么认为的），因为韩国、日本、新加坡都成功地经受住了货币危机的考验。虽然这样的议题有成见和过于简单化之嫌，但经验证据也不易忽视。《远东经济评论》的汤姆·霍兰德甚至都没有暗示“儒学价值观”论题，就已经提到：在亚洲地区“沿着北纬 20°”一条“新的裂缝”正在产生，这条界限几乎精确地符合儒学思想中心地带的边际线。[17]

霍兰德把他的评价直接基于他对货币危机和经济趋势的解读，而不是基于文化的解读，但很明显这样的观点可以轻易地满足儒学必胜的信念。儒学成功范围里的大多数国家都是民主的，这是“亚洲价值观”争论早期的误解。

然而，从研究的角度来看，更引人注意的特征是金融危机对东盟必胜主义毁灭性的影响。几乎一夜之间，东盟从一个社会经济地位上升的、坚定而自信的国家联盟，转变成了防御性的、迟疑不决的、内部四分五裂的失败者集合。与亚洲对话的欧盟大使克里斯·帕顿，就在 2001 年的东盟地区论坛会议之前毫不隐晦地说道：“如果东盟的分组有更清晰的议题的话，欧盟会更容易集中在他们身上。”[18] 新加坡是在危机中唯一没有遭受重大创伤幸存的经济发达国家成员，在寻求重大投资的目的地时，避开了发达国家，包括澳大利亚、新西兰、阿根廷在内的几乎所有的地方，除了东南亚。同时，东盟作为一个整体正希望通过假借东盟加三（“三”指中国、日本和韩国）的东亚经济核心会议的发展来克服它的弱点。甚至连神圣不可侵犯的不干涉原则也被重塑为“加强互动”，以便成员国不必伪称东盟内部并不存在严重的问题，如缅甸对泰国的军事行动和印度尼西亚对它北边的所有邻国进行的环境（烟雾）行动。[19] 东盟的未来很成问题，但它弱点的反动力是否会导致“亚洲价值观”观点（reaction）本身的扩散，以及它 20 世纪 80 年代的必胜主义是否只是转变成了更具防御性的自我主张和团结的形式，这些仍将拭目以待。

其他的亚洲和全球经济政治危机的教训的展现，有一些可以相对确定地说明，他们都没有一个符合“亚洲价值观”或自由经济的权威观念。第一点是目睹了泰国、印度尼西亚、韩国和菲律宾被国际货币基金组织的救援，这证明了像一个政体衰落的触发器。二是在财政和货币问题上保持强硬的政治手腕看上去是保护经济和政体的合理有效方法。马来西亚在这一点上是最引人注目的例子。亚洲大多数热忱的自由全球化贸易支持者已经间接地提过这个启示：李光耀在 2000 年 6 月对《亚洲周刊》说马来西亚正生龙活虎。停止使用林吉特（马来西亚货币）是不正确的。但国际货币基金组织政策已经像任何国际货币基金组织政策一样正常运行。所以马哈蒂尔是正确的。在同一个面谈中，李光耀提出缅甸和越南已经颠倒了他们的经济自由化政策。这毫无疑问地使李光耀在那个月之后意识到越南官员高层访问中国是为了学习在不失去政党控制力的情况下实现改革的方法。考虑到所有的政体（不管民主还是不民主）有既得的幸存利益，这些启示的巨大影响远远超越了亚洲。

第六节　展望未来

所以在深层次上，本书所提到的积极参与者大都是执政精英阶层的成员。因为非精英人群是“真正的亚洲”，所以他们应该被给予更高的优先权，这种观点是合理的。但从历史的角度考虑，“亚洲价值观”争论的合理必要特点是政治精英一致被关注。“亚洲价值观”争论与生俱来地在精英层面上进行。我们讨论“亚洲价值观”争论所涉及或影响到的宗教信仰，将会试图让人至少能理解更广阔更深层次的文化需要（统治者和被统治者都运转其中），来有意识地绕开执政精英。

注　释

1.Bakken, B. "Principled and unprincipled democracy: the Chinese approach to evaluation and election", in H. Antlov and Tak-Wing Ngo (Eds.). *The Cultural Construction of Politics in Asia*, Richmond, Surrey: Curzon, 2000, pp. 107-130.

2.Lee Kuan Yew. "For third world leaders: hope or despair?", Collins Family International Fellowship Lecture by Senior Minister Lee Kuan Yew at the Forum, John F. Kennedy School of Government, Harvard University, 17 October, 2000.

3.Ling, L. H. M. and Chih-yu Shih. "Confucianism with a liberal face: the meaning of democratic politics in postcolonial Taiwan", *Review of Politics*, 1998, vol. 60, no. 1, p. 69.

4.Ling, L. H. M. and Chih-yu Shih. "Confucianism with a liberal face: the meaning of democratic politics in postcolonial Taiwan", *Review of Politics*, 1998, vol. 60, no. 1, p. 69.

5.Ling and Shih. "Confucianism with a Liberal Face", pp. 71-72,76.

6.Ling and Shih. "Confucianism with a Liberal Face", pp. 75-76.

7.Chung Oknim. "Values, governance, and international relations: the case of South Korea", in Han Sung-Joo (Ed.). *Changing Values in Asia: their impact on government and development*, Singapore: Institute of Southeast Asian Studies, Tokyo and New York: Japan Center for International Exchange, 1999, pp. 105-106.

8.Interview with Lee Hoi Chang. *Far Eastern Economic Review*, 18 May, 2000.

9.Chung Oknim. "Values, governance, and international relations: the case of South Korea", p. 78.

10.Diamond, L. and Byung-Kook Kim. "Introduction: consolidating Democracy in South Korea", in L. Diamond and Byung-Kook Kim (Eds.). *Consolidating Democracy in South Korea*, Boulder and London: Lynne Rienner, 2000, pp. 5-6.

11. Anderson, B. *Language and Power: exploring political cultures in Indonesia*, Ithaca and London: Cornel University Press, 1990, pp. 22-38.

12. Anderson, B. *Language and Power: exploring political cultures in Indonesia*, Ithaca and London: Cornel University Press, 1990, p. 36.

13. Mulder, N. *Mysticism and Everyday Life in Contemporary Java: culturally persistence and change*, Singapore: Singapore University Press for the Institure of Southeastern Asian Studies, 1987, pp. 42-64; Shiraishi, S. *Young Heroes: The Indonesian Family in Politics*, Ithaca, New York: Southeast Asia Program Publications, Cornel University, 1997, pp. 81-96.

14. Takeo Doi. *The Anatomy of Dependence*, Tokyo, New York, London: Kodansha International, 1981.

15. Dittmer, L. Haruhiro Fukui and P. Lee (Eds.). *Informal Politics in East Asia*, Cambridge: Cambridge University Press, 2000.

16.Channel Economic Review. 23 June, 2000. Available HTTP: //channelnewsasia.

com(accessed 26 June, 2010).

17. Far Eastern Economic Review. 29 June, 2000. The exception to these generalisations are North Korea, Vietnam, and Singapore.

18. Far Eastern Economic Review. 29 June, 2000. The exception to these generalisations are North Korea, Vietnam, and Singapore. 26 July, 2001.

19. Alatas, A. "*ASEAN Plus Three" Equals Peace Plus Prosperity*, Singapore: Institute of Southeast Asian Studies, 2001, p. 7.

第六章　自由主义

价值观是看似很难写的话题，广泛的文化价值观甚至会引发更多的问题。这项研究之前已经涉及了这些问题，却并没有真正深入地探讨过这些问题。所以到目前为止本研究还没有直接讨论这些问题。中华和儒学文化、马来西亚、印度尼西亚以及泰国文化的各个方面与20世纪60年代后期的西方文化价值观只是在之前的讨论中被简单提及。在后面的内容中，作者尝试摸索其主要组成部分之一以及文化价值观的驱动力：宗教信仰。

通过从宗教的最广义的角度上探索文化政治，希望我们能克服困扰着“亚洲价值观”争论的观点，并且不否认隐藏在这些观点之后的真实元素。佛家思想在很多方面与东北亚地区的所有汉文化相互交叉，所以这些地区的不同国家的文化可以被认为是一个文化大家族。

第一节　宗教信仰

本书对“亚洲价值观”争论采取的是工作定义，即认为它是亚太地区（东北亚和东南亚）和“西方”（主要是美国和欧洲，但还包括澳大利亚和大多数发发达国家）内部及它们之间的对话。很明显争论暗示的远远超过了这些巧妙构成的文化和地理分组，它暗示着这些是争论的最重要的轨迹。所以我们在本研究中提出将信仰体系的关注点，限制在发生在这些地区的宗教对话和宗教表现形式上。所以，不包括犹太教和印度教。

宗教信仰已经超越了他们原本地理的、国家的和文化的界限，已经在世界范围上成为文化价值观形成的源泉。“亚洲价值观”争论中包括有神论、个人和宗教——佛家思想和基督教。佛家思想在缅甸、泰国有很大的影响力，而且在不同程度上以不同的形式影响着整个亚太大陆的不同地区。从历史上来看，佛家思想是塑造东北亚华人社会民俗精神的重要因素。基督教在塑造欧洲文明上发挥主要作用，而且仍然是西方生活和政治话语的重要特点，除此之外基督教已经是少数亚太地区过年的文化发展动力之一。

第二节　自由主义

首先必须承认的是自由主义跟宗教非常相似，尽管它有世俗特征。它存在的理由是教授并强加给人们社会、国家关系的观念，这在本书中是宗教和信仰体系最重要的特征。自由主义的创建者之一约翰·斯图尔特·米尔甚至认为他自己的思想只是取代了基于有神论宗教信仰的道德准则，他自己的思想则带有基于无阶级的宗教信仰——“人性”的道德。而且，他认为如果新的宗教信仰有“社团等级”的话，那它在特征上与天主教几乎没有差别，“尽管自由主义中不包含任何世俗的权利”[1]。如果我们回顾更久以前的自由主义历史的话，就会发现在约翰·洛克的自由道德阐述中，他利用从自己的清教徒教养中学到的准则，有意来赞美基督新教的语言和观念。[2]他对亚当、诺亚以及圣诗的讨论不仅仅是让他实现基督新教的争论手段，虽然它们很好地起作用。[3]它们通过建立至高无上的新神圣地位的人类理性真实地反映出他教义的整体、说教和伪宗教特征。洛克还为基础性教条立场建立了私有财产观念，并且个人属于自己的财产。[4]这些教义涉及了人类天性、夫妻间关系和父母对子女的责任，[5]但或许从这些教义中最能清楚地看到洛克和米尔自由主义的伪宗教特性是他们对教育的态度。约翰·洛克写道：

> ……我想我可以说我们见到的所有人中，十个有九个是教育使他们变得善良或邪恶、有用或无用。到底是什么让人类各有不同呢？关于幼年时期的微小到几乎难以察觉的记忆对人类有非常重要并持久的影响。[6]

跟其他宗教信仰的提倡者一样，洛克和米尔都视教育体系为他们世界观和对下一代的主要责任，[7]这到现在为止，仍是自由主义的显著特征。

自由主义较近代的表现已经放弃了类似宗教的语言，但在概念化人类天性、社会关系和个人与国家关系的主张中，它们仍然是一致的。实际上，许多“西方”国家，特别是美国、西方的国家和北欧国家，他们的立法机构、司法部门和教育体系都把自由主义价值观强加于家庭、工作场所、社会团体、媒体甚至是教会中。在很多方面，司法部门已经发展成约翰·斯图尔特·米尔假想的“社团等级”，并已承认国家的“世俗权利”强加它的意愿是跟其他基要主义运动一样让国家为它的目的服务。这个观点无论是在早期的洛克和米尔阶段，还是在它较近期的表现中，都对自由主义信仰体系内容做出了无价值评判，但必须承认它和个人信仰非常相似，但称它为个人信仰本身有些不太合理，因为它没有足够可识别的宗教外部属性。但它很明显是带有整体说教价值观的信仰体系。它从未在任何文明中享受过排外的意思，并且尽管它有整体世界观，但仍怀疑它是否能跟其他信仰体系一样被当成截然不同的实体，即独立的信仰体系。真正意义上，自由主义不能像基督教那样离开它的“亲属”单独存在。

显然，把自由主义当成更广阔的“现代性”精神表现也许不太合理。然而，这个特性描述不完全令人满意，因为除了它的模糊性，它还暗示自由主义和西方“自己的”现代性，即“现代化”的唯一方法是变得更“西方”更“自由”。一些人确实相信这情况属实，但这不是作者想推出的主张。在代达·罗斯关于“多元现代性”的文集中，艾森·斯塔特开始建立一个后现代主义的现代性概念，这个概念可以等同于欧洲建立的形式的实践更广泛的概念化，并控制整个殖民化和工业化。艾森·斯塔特认为现代性的精华是改变“通过自主的人类议程可实现的”可能特征的观念。他在这种现代性中更深入地提到：

> 社会、本体和政治秩序所依靠的前提和这种秩序的合法化已经不再认为是理所当然。围绕基本本体论前提的社会和政治权利结构，激起了激烈反响。这个反响也是一些激进的现代性批判者所共有的，他们在原则上是否认它的有效性的……
>
> 现代性的反响一致的特征……产生了一种接受多种理解的意识，这种理解实际上是有争议的。[8]

根据这种理解，现代性从21世纪初就是近乎普遍的思想模式，它和前现代性不同，但很难与当代现实的任何原则有区别。大多数基督教会的主流是这种现代性的一部分，从他们试图理解社会和道德问题时使用经验主义的、科学社会调查就可以发现（这个问题）。确实，近乎合理的推断是现代性的起源于13世纪圣·托马斯·阿奎奈的著作，他是第一位提出自然理性的天主教神学家，这个自然理性几乎是天主所揭示的真理。甚至连一些基督教的基要派也可以被认为是这个现代性的一部分，因为他们一直活在“现代世界”中，这个世界有现代科技、现代通讯手段以及不可避免的其他思想和社会组织体系的知识。[9] 这种现代性的概念化帮助解释了一个谜团，即为什么中东的基要派都是受过教育、技术娴熟的城市上班族。他们可能反对现代性，但在准备倒退到防御性孤立之前，他们只能用现代性提供的概念和科技工具来反对现代性。[10]

第三节 现代主义

如果这个批评可信的话，现代性对于自由主义来说就太过广泛了。自由主义并不只是艾森·斯塔特描述的现代性前身的表现。尽管自由主义主张是存在争议的现代性批判反响的产物，它只追求在未来的基本概念中用另一套只有垄断、只有约束的前提替代垄断的本体论前提。所以，自由主义跟多数“主义”一样，总是在带有现代性反响的隐含争论中。

如果现代性是不够准确的术语，它可以更准确地用于表示自由主义作为现代主义表现的特征。虽然这两个概念有关联并经常被当成同义词，但自由主义应该是更狭义的术语。现代主义作为一种信仰体系，可以被理解成“启蒙工程”最直接的文化产物，“启蒙工程”本身也是现代性的产物。这个“工程”始于18世纪的欧洲，并认为人的本性和人性可以也应该通过理智的运用被不断地升华。它进一步认为完美的人性是准确目标，并且只有一条途径达到这个目标，通过客观理性可以知道这个途径在哪欺骗了我们。这种整体的面向目标的人性概念直接来自基督教，只是把奥古斯丁的“天国”换成了卡尔·贝克所称的“18世纪哲学家的乐土”[11]。这种目标化的概念史有助于把历史和人类社会当成一个单一的整体来考虑。更准确地说，现代主义把来源于“启蒙”的欧洲思想运动和社会运动当成人类个体和人类社会趋于完善的客观表现。

然而，现代主义的问题之一是即使它的追随者认同只有一条进步的道路并且应该用客观理智的运用来表现，现代主义者之间也几乎不会有一致的目标或途径。所以，自由主义产生了大量不同相容性的信仰体系，特别是自由主义、达尔文社会主义等。[12]其中，自由主义控制了“亚洲价值观争论”的政治和经济方面，可以说是世界上仅有的仍然享有文化信誉和政治权利的主义。所以自由主义是现代主义与“亚洲价值观”争论最相关的表现，也是本研究所一直重点探讨的内容之一。

包括黑格尔、洛克、康德和米尔在内的所有伟大的自由主义思想家都是这个现代主义信仰体系的产物和缔造者，而弗朗西斯·福山的“历史终结”论题是合理的终点。《历史的终结》是西方在冷战中胜利的自由庆典。特意从黑格尔的角度来看，这是结构紧密的主张：政治自由主义（福山认为它真正的含义是自由民主）是一个国家可以实现的政治生命的最高形式，经济新自由主义是对政治自由主义的实践，尽管在理论上不是政治自由的必然伴随。他把核心主张建立在他确信的“普世史”（即“历史被理解成一个单一、连贯、发展的进程”）的存在上，在这个“普世史”中人类逐步朝着目标前进，达到目标时就是“历史”的终结。这并不是说事情将停止发生，或者是自由主义将不会被质疑甚至是遭遇失败。但他认为不会有比现代自由民主国家更有意义的政治或经济改革了。[13]

现阶段可以明了的是自由主义来源于现代主义，它们所走的道路都是类似宗教的信仰体系，但不得不承认自由主义的一些标准似乎更明显的现代主义，因此它比其他主义更“宗教”。[14]福山在《历史的终结》中表达的自由主义是高度现代主义的，尽管有争议认为他之后的作品没有那么高度现代主义。另一方面，朱由斯·斯科勒提出的“恐惧的自由主义”，即“自由主义需要的是可以回避残忍的罪恶，担心政治实践和指示的基本规范”，是有“非乌托邦”特色的，并且不太适合现代主义。但是连这个现代主义的分支也是具有人类天性和个人、社会、国家之间关系性质的定义概念。[15]

第四节　世界上的宗教发展

所有的宗教信仰都跨越了它们的原始文化和社会。因为它们是世界宗教而不仅仅是民间或国家宗教。它们达到这个地位的事实暗示了一个初步主张：它们都有普遍的人性概念，这个概念很可能建立在支撑人格尊严的跨文化的人道主义共识上。

发现这些人文道德的积极指标主要是直觉，而不是经验主义或学术过程。虽然这些固有的人类局限很重要，但让它们阻止道德争论或追求人文道德是错误的。尽管在后现代世界中选定公众的价值评判标准有困难，但读者至少应该从本研究所指出的主要观点中获益，这些观点表明了作者思考的方向。所以，作为对预示的争议做的初步贡献，笔者建议人文道德在世界观、宗教信仰或信仰体系中存在的指标包括以下几个方面：

（1）普遍的人性概念（关于偏好或排斥一些人），带有尊重人类生命和同情陌生人的暗示；

（2）个人主义的轨迹和对人作为一个人的尊重，带有尊重生命、信仰和习俗的暗示；

（3）对社会弱势群体的保护，包括妇女、儿童、穷人、病者、老人和残疾人；

（4）对儿童幸福成长的特别尊重和关心；

（5）类似对公益的关心的东西；

（6）以及结合、辅助或优先于教条，开放理智的运用。

这个清单并不够详尽。有些指标在很大程度上有重叠，也有很多模棱两可的地方以及大多数原则中固有的不同阐释。虽然很多读者很可能会关心一些或所有的原则在阐释上的细微差别，但只有最后一个需要在这里澄清。“开放理智的运用”似乎一点都没有反映出道德原则，但它包含在内，因为它是在多变的真人世界中实现其他原则实践的必要条件。它同时也是避免教条基要主义的关键而有效因素，教条原教旨主义很大程度上由于蔑视人类理性而倾向于反感普遍的人性概念和对人作为一个人的尊重。这个指标容易在实践上和精神和现世权威的差别程度联系起来：教会和国家的合并易于表现实践上的理性对权威的屈服。

例如杰克·康纳利和罗达·霍华德这样的自由主义基要派认为，找到基于这样的人道主义共识的人格尊严概念的可能性完全没有，他们认为人格尊严是几乎毫无价值的概念。对人格尊严概念的轻视格外严重，正如他们毫无顾忌地假设民权代表着平等、自治的自由价值观。康纳利和霍华德认为它们自己的信仰体系和价值体系有优势。他们承认自己的民权概念是基于既成的人格尊严概念上的，但似乎没有认识到它的重要性。而且，在康纳利对自由的纯正的热忱中，他让我们忽略了与思想紧密联系的人类潜能，而这些可能会导致一些思想和价值观的趋同。[16]

康纳利和霍华德似乎还忽略了一种可能性，即他们在人格尊严概念中看到的弱点可能不在概念本身，也不在被个别社会当成与人格尊严一致的价值观中。一部分弱点可能在于法律传统，虽然必须承认法律文化本身就是更广泛的文化和主要信仰体系的产物中国文化蔑视使用法律来偏向统治精英的美德培养。在他们拥有律法主义的传统范围内，法律（法）被当作用来管理落后群众的奖惩制度，而不是权力的基础。[17]

这些律法主义文化与自由律法主义没有必要为支撑人格尊严、保护人民的权力的法律体制的培养设立难以逾越的障碍。这些文化都已经至少影响了一些国家文化，这些国家都发生了部分或完全的转变——适应现代性并接受更自由的律法形式。

基督教、佛家思想的共同点比它们与自由主义的共同点更多。自由主义是唯一的把个人主义当成绝对美德的宗教信仰。它同时也是我们研究中的唯一的认为世俗主义是美德的宗教信仰。只有自由主义认为道义是不可知论的，尽管实际上它确实有道义也强加道义。还应该指出的是自由主义在其他方面和跨文化对话的精神背道而驰：它和更极端的观念有共有的绝对性律法主义道义概念以及道义与国家的绝对统一。自由主义和其他宗教信仰之间的分离在20世纪60年代之前并不显著，当时自由主义仍旧在很大程度上利用（虽然不是有意识的）基督教和资产阶级道义。然而，自20世纪60年代以来，自由主义和其他宗教的共同点背道而驰，导致后来的诸如彼得·伯利威茨和阿拉斯·代尔·麦金泰尔的自由派思想人叹惋从自由论述中除去个人美德。自由主义是卓越、普遍适用的，而不是文化的、现世上特殊的道义形式，自由主义被其他宗教信仰孤立，和现代主义现阶段的短暂生命削弱了这个主张。

一些学者可能想在本章讨论一些定义和结构，但至少它应该通过移除许多歧义来促进交流。有了这些基础做后盾，我们可以进行下一步宗教信仰本身的研究了。

注　释

1.Mill, J. (J. Robson, Ed.)*Autobiography*, London: Penguin Books, [1973], 1989, p. 163.

2.Locke, J. *Two Treatises of Government*, Student Edition, Cambridge: Cambridge University Press, [1690], 1988, Introduction by Peter Laslett, pp. 16-17; Kramer, M. *John Locke and the Origins of Private Property: philosophical explorations of individualism, community and equality*, Cambridge: Cambridge University Press, 1997, pp. 38-40 for a brief exposition of Locke's appropriation of the language of Christianity for his own ideas.

3.Zuckert, M. *The Natural Rights Republic: studies in the foundations of the American political tradition*, Notre Dame, Indiana: University of Notre Dame Press, 1997; Chapter Six. "Natural rights and protestant politics: Lockean puritan", pp. 148-201.

4.Locke, J. *Two Treatises of Government*, pp. 285-287.

5.Locke, J. *Two Treatises of Government*, pp. 306-309, 318-320.

6.Locke, J. *Some Thoughts Concerning Education*, Bristol: Thoemmes Press, Taipei: Unifacmanu, 1995, p. 2.

7.Mill, J. (F. Garforth, Ed.). *John Stuart Mill on Education*, New York: Teachers College Press, 1971.

8.Eisenstadt, S. *Dadalus*, 2000, vol. 129, no. 1, pp. 3-4.

9.St Thomas Aquinas. *Summa Theologica*.1266-1273, First Part, Q. 79: 4. Available HTTP: //www.newadvent.org/summa/1.htm(accessed 25 August, 2009).

10.Eisenstadt, S. "Multiple Modernities", p. 2.

11.St Augustine (trans. M. Dods). *The City of God*, New York: The Modern Library, 1950; Becker, G. *The Heavenly City of the Eighteenth-Century Philosophers*, New Haven and London: Yale University Press, 1932.

12.Nedelsky, J. "Reconceiving autonomy: sources, thoughts and possibilities", *Yale Journal of Law and Feminism*, 1989, vol. 1, no. 7, pp. 7-36.

13.Fukuyama, F. *The End of History and the Last Man*, Lodon: Penguin, 1992; "By Way of Introduction", pp. xi-xxiii, pp. xii-xiv.

14.Howard, R. and Donnelly, J. "Human dignity, human rights, and political regimes", pp. 801-802.

15.Shklar, J. (S. Hoffman, Ed.). *Political Thought and Political Thinkers*, Chicago and

London: The University of Chicago Press, 1998, p. 12.

16.Howard, R. and Donnelly, J. "Human dignity, human rights, and political regimes", pp. 801-802.

17.Berkowitz, P. *Virtue and the Making of Modern Liberalism*, Princeton, NJ: Princeton University Press, 1999; and McIntyre, A. *After Virtue: a study of moral theory*, Notre Dame, Indiana: Notre Dame University Press, 1984.

第七章 欧洲的文化遗产：基督教和自由主义

在任何芭蕾舞剧中，男性舞伴有时会负责举起或抓住首席女舞蹈演员。这是他这个角色的责任，稍有差池或完全失败都不能完成他的使命。在失败的情况下，舞剧编导和其他的舞者或首席女舞蹈演员会通过说些话表达他们的不满、批评甚至是愤怒，比如他们可能会说："你应该在那儿接住她"、"你到底怎么回事儿"、"你没有做好本职工作（或扮演好你的角色）"、"你不能胜任（或不负责任）"，等等。假设舞剧编导或其他舞蹈演员中的任何一个走近他并指责他说"你冒犯了首席女舞蹈演员"，或"你侵犯了她的权利"。或者跌倒的首席女舞蹈演员可能会爬起来生气地说"我的权利被侵犯了……"我认为如果他们说这些的话，至少看上去会很怪异。实际上，在那种场合下没有人会使用"权利"这一字眼。

（格雷·伊哈拉《为什么佛家思想中没有权利》，1995）[1]

格雷·伊哈拉同意民权的概念起源于欧洲，但他认为这并不意味着它就会被全世界所认可。伊哈拉用"芭蕾剧团中的民权"这种半开玩笑的陈述强调了在当今权利过重的西方文化中，权利的表达不是对每个社会缺陷最适宜的回应。有很多方法将任何社会不公平或社会不足概念化，而诉诸权利则不过是其中的一个选择。那些支持民权的普遍性及民权崇高的重要性，并把民权看作是保卫人类尊严的方式的人们，他们应该承认民权不是构成人类社会关系的所有参考因素，当然也不是人类社会的目标。民权准则是基于人、社会和"美德"的具体道德概念上的，在后现代社会中这些都不能被认为是理所当然。

在这里作者调查各个宗教并不是要研究所有宗教，而是专注于这些宗教信仰对人类本身的理解，以及这些宗教是如何理解人与社会、国家间的联系。本研究只是为广泛范围上的争论提供了部分理论支撑，我们认为即使各个宗教的世界观大相径庭，在它们彼此的互相碰撞中也能发现广泛存在的潜在的共性。本研究发现在追求人性道德这个基础层面上各个宗教就有趋同的现象。

尽管本研究的焦点在亚洲文化上，但似乎从现代性和现代主义的发展源头——欧洲展开讨论比较合适。欧洲，这个半岛地区孕育了基督教、自由主义和权利的文化（这种权利文化的形成在欧洲并非巧合）。以基督教展开讨论会让我们置身于一个理想的立场来研究自由主义的发展，因为自由主义的历史发展是与基督教紧密联系并依赖于基督教的。

第一节 基督教

现代基督教的出现是一个相当另类的现象，它经过了很多次分裂并使其自身能够适应各种各样的文化。实际上，基督教在当代呈现出的不同面貌给我们所研究的民权问题提供了很多自相矛盾的答案。为了不激起教派分裂，我们找到了一些研究方向，因此我们会优先研究现代基督教，并首先研究基督教的历史进程和近现代的发展。同时，这个调查能让我们窥见基督教所扮演的历史角色（即对现代性的欧洲文化形成所做出的贡献），因此也有利于解读为什么基督教与现代性之间的关系只存在轻微的矛盾。

基督教神秘之处的核心是罪孽，而且从一开始基督教徒就已经知道罪孽有个人的和社会的两面。这个分歧导致基督教徒的思想冲突从未被完全解决过。试想一下基督教神话的主要叙述。[2]一个全人类的天堂被一个人的个人罪孽所玷污，而这个人的个人罪孽最后变成了全人类共有的污点。犹太民族被选为上帝的信徒，给作为一个整体的世界和每个人类个体带来救赎；一个通过生、死以及上帝复活的化身耶稣基督而完成的壮举。纵观大部分基督教历史，有一个共识是上帝通过教堂来提供救赎，尽管没有特指某一个教堂。然而大多数新基督教教堂并没有承担起这个角色，因此削弱了这个共识。

基督教堂为平衡个人的罪孽和社会的罪孽做出的努力在这个时期得到了充分体现，在当时个人自由和社会、宗教责任之间的矛盾紧张。人们应该如何同时满足尊重自由意志、对上帝尽责并对社会尽责这些无法彼此包容的要求呢？几个世纪以来，天主教会都是欧洲大多数世俗权利的主要合法性根源，因此这种困境给整个人类带来了直接后果。即便到了今天天主教与世俗权利的联系已不再紧密，基督教徒在试图寻求世俗社会角色之间的正确关系时仍然面临着同样的窘境。它们在极度强调个人权利的阴影下运行（此制度由圣保罗建立，并在之后的4个世纪被圣·奥古斯丁荷马主教强化）。圣·奥古斯丁写《忏悔录》告诉世人，他把个人思想的水准提升到了一个新的高度。写到西方西罗马帝国快要灭亡时，他说道“我在自己眼前是赤裸裸的，而我的意识在谴责自己”[3]。亚伦·古列维奇强调奥古斯丁内省主张的重要性，因为它对欧洲文明起了作用，还因为它加强了对人的思考和对个人思考的解读。圣·奥古斯丁的《忏悔录》跟他的《上帝之城》一样成为了中世纪教堂的主要思想力量，也促成了他被封为圣徒和基督教神学家的身后地位。他的《忏悔录》成为了几个世纪以来的忏悔和自传经典，古列维奇认为自己和上帝间的亲密感和对自己灵魂的探索在整个中世纪都是无法炮制的。[4]

考虑到圣·奥古斯丁对个人的重视和他的异教徒历史，我们可以推测出他是个人道德心凌驾于国家政权之上这一观点的捍卫者。尽管与现代性的共鸣只是现代才出现的，但如果认为任何事情在《忏悔录》中都能找到相应的阐述也只是一厢情愿的想法。他专注于自己的朝圣之路中道德心的进步，这确实为现代性的人道主义奠定了初步的基础，并认为秉承真善美是国家的责任：

> 如果上帝要求一个国家做一些与它的文化传统相悖的事，那也必须做，即使那个国家从未做过这件事。如果这个实践被中止过，那它必须重新开始；如果原来不是法律，则必须作为法律条文被制定颁布……一切事物都必须屈从上帝，就像在人类社会政府中少数权威必须服从多数一样。[5]

更明确地说，圣·奥古斯丁同意帝国对多纳图斯派分裂信徒的军队抗击，虽然这主要是因为与分裂运动相关的暴力会威胁到生命、财产和秩序。[6]在这里圣·奥古斯丁正在处理一种矛盾，而这种矛盾有可能是之后的1 600年中造成教会间斗争的导火索。团体和个人之间的关系是怎样的呢？在什么情况下强加道德义务是不当的？尊重人们犯错的权利的需要又起源于何处呢？教会和国家的关系是什么？耶稣说“凯撒的物当归给凯撒，神的物当归给神”（《马太福音》22：21），但这给对这句话的不同解读留下了太多的空间，正如路德和卡尔文 1 000 多年之后证明的那样。

横贯整个中世纪，社群主义在教会思想中一直强过个人主义，但从来没有人认为教会和国家是相辅相成的。改革前的教会在意大利大部分地区直接拥有世俗权利，但大部分欧洲的世俗领导人禁锢在和教皇的斗争中，因为双方都争夺自己的权利界限。尽管地方天主教教会行使权力在今天看来明显是世俗的，教皇在他的领地之外却从来没有任何世俗的权威。教宗克里蒙五世在 1313 年通过世俗君主建立了领土主权原则，并借此奠定了西方勾绘清晰的领土国家概念的基础，自那以后再也没有人质疑一个政体两个分权的情况。因此中世纪的教堂有时被认为是基本人类权力文化的先驱，最初建立在教会相对于国家的权利上。教皇和君主之间的权利平衡经常被质疑，他们之间的关系也随时随地发生改变，但教皇和国家之间从未质疑过对方的权利范围。天主教欧洲的世俗权威和精神权威的二分模式在不同时代、不同国家有不同程度的治理国家的效力，但即使在它最没有效力的，最腐败的权威二分模式下，仍然显示教皇永远是国家权威的另一支撑来源，并且国王或皇帝不能直接或完全控制它。

个人主义在天主教思想中从未被完全排斥过，但在中世纪它确实退步成一种从属角色。它通过另一位基督教神学家的作品开始在教会思想中恢复更重要的地位，这位神学家就是圣·托马斯·阿奎奈（1225—1274），他采纳了亚里士多德的自然主义哲学，把对自然理性的颂扬作为他的研究的前提，研究中还带有他所有个人对人格主义理解的暗示。圣·托马斯宣称智力是“灵魂里的东西”，它直接来源于上帝，为的是被用来了解上帝。[7]他创办了一个新的道德哲学学派，这一学派主要从上帝赐予人类的“自然法则”（即可以通过人类理性基本理解的）的存在论为基础展开讨论。[8]人们从未否认过基督教世界观中的理性作用，但圣·托马斯给了它一个新的显赫地位，这种地位在今天的天主教会和很多基督教会中一直保持至今。紧接着阿奎奈的时代，中世纪另一位天主教学者奥卡姆·威廉（1285—1349）发展了基督教对自由的理解，他的理解方向看起来具有显著的现代特征。他认为基督教式的自由不仅仅意味着脱离罪孽，还意味着免于暴政，同时他还表明“即便是教皇也不能侵犯这些权利与自由（这些权利与自由只有在履行对上帝和自然的忠贞时才可以做出让步）”[9]。

当然，上述的所有陈述都没有否认改革前的教会充满了不安定的因素，并卷入了一系列的减缓人道主义发展的镇压运动中，也没有否认改革前的教会经常无法实现自身的理想。迫害、腐败、奴役、压迫、战争、反学识、压制女性，这些都贯串整个基督教的历史，而且这些经常是发生在最高层的教会中的。然而，明确早期基督教特性中的元素有益于人道主义普遍性的发展，在此之上我们可以建立一个新的共识。

第二节　欧洲基督教新教的影响

圣·托马斯采纳亚里士多德的思想是一个更加广义上的古希腊哲学和艺术复兴（即所称的文艺复兴）的一部分。这项运动促进了高度精英式的理性人文主义的发展，而这也反过来揭开了启蒙运动和在几个世纪之后的改革序幕。作者会在本章后面谈到启蒙运动和天主教会改革后的发展，但现在让我们首先着眼于16世纪基督教新教改革。

新教教义和现代性的关系有时候被老套地认为是极其简单化的关系，其中新教教义只是实现欧洲、英国和美国文化中的自由、个人主义、多元主义、资本主义发展的直接的而且必然的一个步骤。这一看法在马克斯·韦伯认为的资本主义源于基督教新教的理论中有明确的阐释，[10] 并且也经常被当作常识性的理论广为接受。

在基督教历史上，两个最大的欧洲基督教新教运动是1517年马丁·路德在德国威滕·伯格发起的运动和1540年约翰·卡尔文在瑞士日内瓦发起的运动。除了少数人（如再洗礼派）以外，所有的欧洲基督教新教义的撰写者都受到了一个或几个改革者的影响。在这两个（运动）中，路德主义教义最适用于人道主义解读，尽管在这里事情的发展远远不是那么简单。路德的三个基本前提来源于圣·奥古斯丁的思想，并且建立在他所处时代的一些强大的精神和学术潮流之上。圣·奥古斯丁的柏拉图主义的观念“上帝之城”被新柏拉图主义的学派部分曲解成“唯名论”，[11] 路德从这个观念推断世上的教会不是真正的教会，它只是不完美地呈现理想的神秘的教会，而这种教会不可见且根本上不可知。圣·奥古斯丁关于自己的罪孽和卑劣的内省回忆是建立在精神潮流之上的，这个精神潮流也同样非常强调世间的罪孽和人类的卑劣，因而导致路德遭受所谓的“中世纪的顾虑”的影响。[12] 他从这些前提理论建立了关于人性本恶的极其反人道主义的教义。他从奥古斯丁关于人类理性弱点的偶然爆发以及理性和信仰完全分离的唯名论观念推断，[13] 人类理性本质上是“世俗的”、“荒谬的”。[14] 尽管他做出了让步，承认理性在统治和社会中是不可或缺的，但在认知上帝方面不起任何作用，在伦理道德方面的作用也很小。[15] 路德还强烈反对天主教会中大量的虐待行为（很多的恶行在几十年以后受到了教堂本身的谴责），这些恶行将基督教贬低成一个遵纪守法的迷信仪式：凭借购买赎罪券以及仪式性的执行圣礼和迷信行为，就可以把一个人从罪恶中“救赎”出来。[16] 相反，他认为一个人只能借助上帝的自由的、不加保障的天赐的信仰才能得到公正的审判，这其中没有实体教会的干涉，也不该借用任何人类的能力去断定是否应该救赎。尽管有这些不合理甚至有几分反人道主义的理论前提，路德的改革终止了中世纪天主教教会在欧洲的至高无上地位，这也存在着些许人道主义的痕迹。特别是他的“每个人在上帝面前都是一个独立的人”的观点和他的因信称义的教义再一次强调了个人和道德心的自由。而且，尽管他不认同信仰中的理性，他也非常重视世俗的教育和理性在生活中的应用。顺着这条逻辑，他成为了西方第一个支持男女同等受教育的改革者，并认为财富和出身的障碍不应该阻止聪明的男孩上大学。[17]

卡尔文在寻求人道主义的过程中遭遇了更艰难的挑战。他构建了“人性本恶”和“人性无用”的主张，这比路德的更加阴郁，他认为连信仰也救赎不了人们，即每个人已经命中注定地被上帝分为“可救赎的”和“不可被救赎的”，对此我们无能为力。不可被救赎的人的唯一要做的是遵守上帝的戒律，可救赎的人（上帝的选民）唯一要做的是保证上帝的戒律被严格遵守。卡尔文的教义和他在日内瓦所进行的实践，几乎格外强调传统基督教的共同之处，即清教徒的“教会国家”模式的创建，也就是把政府归入教会旗下。但即使是这样我们也能在其中发现现代性和人道主义的元素，因为埋藏在古典卡尔文主义之下的权威主义是一个共和主义的、民主的、公理主义的推动力，而且最终控制了卡尔文主义的发展，使其远远超出了它狭窄的原教旨主义的起源。[18]

在卡尔文的归正会（Calvin's Reformed Church）中强势的公理主义的立场与马丁·路德主义温和的空想主义形成了鲜明对比。在路德教会的理论中，教会本身没有世俗的权威。相反的，教会仅仅作为上帝在世上的权威的合理表达，支持既存的世俗权利，包括专制君主、君王和贵族。正是因为这种顺从教义的自私自利的呼吁（至少是部分原因），许多德国的王子们采纳了马丁·路德主义。[19] 路德教会的奥格斯堡信纲有可能成为与天主教的神圣罗马帝国相比要求较低的合法统治工具。然而，其结果却让人们更清楚地认识到教会和国家的微妙关系，以及教会几乎从属于国家，而且甚至发展到了每个德国的路德教君主都可以被认为是“拥有”他自己的教会的地步。路德教构建了与卡尔文主义相反的“国家教会”模式，但发展的结果是与多元主义和人道主义的发展惊人的相似，因为这两种教会面临着概念上的相同窘境。托马斯·弗兰克这样说明新教教会问题的实质：

> 单靠国立教会无法拥有广受拥护的天主教或东正教会的威望。某些不寻常的谦逊被勉强加入新教会的宣言中，因为它们明显“只是”国立的（或与日内瓦的市立的一样）公共机构。显然，他们在大多数情况下仅仅是在世俗权威之下运作的。而且，基督教新教受到等级制度观点的局限，并只关注对个人的救赎，这几乎不可避免地形成基于宗教信仰的个人主义，即使它从一开始只是受到强烈抵制的副产品。[20]

弗兰克的观点中的由于教会的“只是国立的”特征而不断被削弱和因为这种削弱而“在宗教信仰上尽职尽责的个人主义”创造的发展空间之间存在着正面联系，而我们只关注与这种正面联系直接相关的事实。

我们可以从这项调查中看出基督教与本项研究有关的方面在改革对立面之间一直处于紧张局面。社群主义与个人主义针锋相对，但并没有获得全胜；寻求建立一个教义真理的垄断与尊重良知、尊重人本身的观点一直格格不入；理性和信仰之间的敌对也在继续，而且没有明确的结局。简而言之，横贯古今的所有基督教的表现形式，人道主义和非人道主义的、反理性的教条主义都被提出来过，一直到最近还没有处于那么紧张局面的领域是家庭问题和性道德，这些领域到现在才被提出来是因为传统的基督教在这些事情上的立场非常明确且广为人知。教会之间在离婚和再婚中的某些领域持不同意见，相比于其他教会，一些教会倾向于把性看得更淡。然而，基督教共识的本质在11世纪和16世纪的分裂中都幸存了下来：性和生育在圣婚仪式中也可以施行。

第三节 自由主义

在这里我们应该先介绍自由主义的发展。不仅因为自由主义的历史几乎与基督教的历史密不可分，还因为如果没有自由主义的知识储备探讨后期基督教中的人道主义将会十分困难。我们已经在第六章对自由主义和它的源头，即现代主义，做了大量讨论，但现在我们应该把这些运动当作更广义的思想史的一部分。

自由主义最典型的中心概念是个人自主。试想一下约翰·洛克的“社会创造神话”，即“社会契约”。它描绘了一幅人类以“自然地”、“脱离社会”的状态实行完全自主的画面，并认为政府和社会只是实践中协调人类天生的自主与社会交往合作的需要的机构。但对自由主义所有的自主意义来说，（这些重要性）反过来依靠的是更深层次的现代主义理论前提，这需要在研究自由主义之前理解它，这个前提就是自主的个人本质是理性的、善良的，人类理性最终会成为社会最高的向善力量。这是最基本的自由和现代性概念的推想。勒内·笛卡尔（1596—1650）试图从极度怀疑上帝、世界、他的感官以及他自己的本真开始，证明他自己的存在，这是他最深层次的表现。在经历了许多困扰后，他完成了他的任务，成果基本令他自己满意，但他只是通过武断地把人类理性从他的存在怀疑主义中排除，并设想人类理性能够在没有感官经验的社会中存在。通过迂回地参照他自己的理性，即“我思，故我在”，他把人类理性提升到存在主义的最高权威，并通过欧洲文艺复兴的形而上学和道德观点建立了新的“理性”视角。伊曼努尔·康德（1724—1804）建立了基于笛卡尔哲学原理的完整的伦理与道德心的基本原理。他延伸了笛卡尔的对世界和思维的严重分歧（即感官和理性），并追求“纯粹理性”和“先验知识”（即完全独立于所有经验之外的知识）。[21]他的研究促进了自由主义建立伦理与道德的伪基督教体系计划的施行，在这一体系中，“理性之声”取代了“上帝之声”。在康德主义的道德中，人类的理性会“制定”普遍、自然的道德律法。[22]这个理论上普遍的、理性的伦理建立在完全的个人主义的人类理性原则上，而且个人“自主”也成为了第一个自由主义原则，同时也是自由主义和基督教新教（特别是欧洲路德主义核心思想）之间的主要联系，促进基督教新教最终成为“自由基督教新教”或“自由基督教”。

康德改进了理性、自主和具有自主权的个人在现代主义言论中的概念，并增强了它对基督教的接纳度，但他的观点的建立还借助了别的力量。欧洲有大量同时代的人或近乎同时代的人，例如卢梭（1712—1778）和黑格尔（1770—1831），他们也建立了现代主义的、自由的社会契约构想，以及自由与“不合人意的”绝对主义的关系。自由主义中的很多绝对主义内涵直接来源于现代主义对基督教概念认识的严重不足，这为自由主义的历史性概念提供了统一的、定向的、有目的性的力量，促进绝对的、不可战胜的“美德”的形成，而面对这些，一切的反抗都是徒劳而邪恶的。现代主义的绝对主流发展趋势的合理性在18世纪初就已经建立了。牛顿的基本原理1668年引发了物理学的革命，让18世纪的欧洲相信可以通过了解自然“思维”来了解上帝的思想。[23]从那时开始，对于作为基督教的上帝所暴露的真理的替代品对人类理性和天性的认识知识向前迈进了一小步，而这也是理解人类、道德和社会关系的关键一步，因此这也为现代主义提供了基本的宇宙论原理。卡尔·贝克认为约翰·洛克（1632—1704）通过让18世纪的人类相信“他们希望相信的”，引导西方走上了理性的路线，在这一点上约翰·洛克功不可没：

> 换句话说，在人类关系的世界也就是物理世界……人类有可能通过运用自己的思维形成思想和行为，因此让人类所遵循的制度能完美地与普遍的自然秩序相互协调。[24]

贝克还发现：

> 18世纪并没有放弃多年来在上帝的心智方面达成共识的努力；18世纪只是在这个问题上更加有自信了，而且终于形成了一种假设，即认为上帝无穷的心智和人类有限的思维完全是一回事。[25]

在他所描述的“更有自信”和“假设”的言辞中隐含着自由主义对以往狭隘思想进行改革的冲动，而且，基要主义已经扰乱了很多当时关于“亚洲价值观”的言论。洛克对英国和欧洲的影响是深远的，但他最伟大的社会成就可能已经跨过了大西洋。在很多方面，美洲殖民地不太可能孕育像自由主义这样的削弱宗教神圣力量的哲学。殖民地是由那些不满英国宗教改革的卡尔文主义清教徒建立的，并打算在美国实现卡尔文的理想——不管是通过净化英国的教会还是通过建立新的临时教会。他们寻求通过法律法规给新世界带来上帝的戒律，并且因为当时没有真正的国家教会，他们试图建立一个非常稳定的地方自治主义形式。巴里·沙恩把这描述为美国“最持久的政治惯例”。但清教徒的共识，也产生了另一个更人道的惯例。卡尔文主义的民主公理制是美国地方主义本质的一部分，因而从很早的时候开始，美国就特别关注个人信仰的转化和具体的信仰转化经历，并开始在本有可能是阴郁的英国国教徒清教徒的教义中增添了个人主义的色彩。[26]

第四节 美国基督教新教的影响

美国的基督教历史出现了很多奇葩，但最特别的是洛克派哲学家接替了新教教义，而且在1776年的革命时已经非常彻底，以至于麦克朱克把革命的“洛克派清教徒”当作著作题材。[27]在这里千万不要搞错，其实革命者既是清教徒也是洛克派哲学家，尽管这两者明显是矛盾的。清教主义在他们高度重视道德的地方主义中非常明显，这让人联想到卡尔文的日内瓦运动。地方城镇和村庄被当作道德团体来保护，这些道德团体惩戒或驱逐道德贱民，并指望通过法律来“鼓励美德，防止恶习和不道德行为”（正如宾夕法尼亚的权利宣言所说）。[28]但清教徒教士甚至连祈求上帝发怒惩罚罪人时，也会经常借助洛克派的自然权利言论来辅助圣经的言论。他们把圣经的假想和洛克主义自由论的斗争融合到一起，其方法分别是：通过让人们与暴政做斗争（让人们把暴政想象为“与反基督者和反基督者的形象作斗争”）；通过让人们相信上帝已经“在这片美洲荒野中种上了蔓藤”（这样他就“永远不会遭到彻底根除或摧毁”），以及通过让人们把美国想象成“上帝的美洲犹太人”等。[29]

如果想解释清楚从原来的卡尔文主义到洛克派自由主义的转变并不容易，但部分原因毫无疑问来自地方主义，它是卡尔文主义的本质并为卡尔文主义提供了地方自治的维度。宗教教区的地方主义，去除了外在的参考观点（在这一点上要更甚于国家教会的建立），这个参考点让宗教信徒能保留自己本身原有的身份特性，不受周边外来文化以及反对势力的政治和社会力量的影响。美国的新教主义由于具有极其地方的特性而很容易受到文化吸收的影响。巴里·沙恩讲述了这样一个19世纪初期的故事：

> 一位英国大臣在1807年对美国作了14个月的访问后，在评论美国村庄和地方教会集会对地方不平等的控制时说道：“不管是英国国教徒的还是国教派分离主义者，我们（英国）都有教会和国家的观念。而美国连英国国教徒都只谈论村庄和教会集会。”[30]

地方主义给美国留下了拭不去的印记，至今欧洲基督教新教和欧洲自由主义都持有比它们的美国对手更强烈的地方自治和一体化的民族观念、人民观念以及国家观念。我们可以把这个对比更深化一点：欧洲基督教新教持有比美国基督教新教更强烈的制度化教会观念，而美国基督教新教的历史一直被地方宗派主义倾向主导，这可以从18世纪大觉醒之后独立的浸信会教会的迅猛成长中得到例证。[31] 地方主义让美洲基督教新教非常容易受洛克派自然权利和社会契约理论这种霸权文化的影响；这些理论与新兴国家的社会思潮产生强烈共鸣，这些思潮也被表述成权利、自由并摆脱了外部的（英国君主的）统治。在洛克的哲学看似是“事态的共识”（如托马斯·杰斐逊所述）的时代，[32] 地方主义去除了大多数基督教对自由的知识霸权的防御。或许是通过驱使更多有思想的继承人（如杰斐逊、詹姆斯麦迪逊和亚历山大哈密尔顿）寻求别的启示，清教主义的反理智主义加剧了地方主义的影响力，因此产生了基督教政治和哲学领导人的一段空白。

但在洛克派清教徒传教士的启示录的、先知性的传教词面前，以上的因素都只是表面因素。似乎很多遗留的解释隐藏在洛克派的自由主义和美国清教教义之间共同的情感联系中：不仅有对外界强加的权威的敌意，尤其还有对天主教会的敌意。洛克最担心的是英国的天主教会利用詹姆斯二世登上王位实行复辟，他把天主教会和无神论一起看作自由社会的敌人。反天主教同时也是美国清教教义和霸权的美国文化的唯一的最显著也是最持久的特征。[33] 当然，反天主教一直是美国反法国情绪的主要特征，但它需要真正的革新来把英国国教徒当作是来自罗马天主教的威胁。在现代主义的影响下，这已经得以实现。这个思想把戏的奥秘被赫伯特·巴特菲尔德称作“辉格式的历史阐释”，这是他在1931年因为当时的英国历史学家想要“把世界分成朋友和潜在的敌人”而批判他们的主流学派时创造的术语。[34] 在这种二元论的世界分类中，天主教和专制主义不可避免地并永远地联合在一起，并与基督教新教和自由展开生死角逐。因此追求自由是一个神圣的事业，而天主教在每一个重要关头施行了阴谋陷阱，使其无法顺利进行。这种设想可能会有点牵强，但内森·哈慈提供了足够的证据证明在大革命时期的美国存在以下的看法：

> 教皇的思想暴政和西班牙、法国的民事专制的一致性（还有他们的宠儿斯图亚特王室），解释了英国历史的每一个转折点，不管是新的还是旧的。通过对前2个世纪的反思，革命时期的新英格兰可以用很多卓越的手

> 法从民间和宗教两方面解释自由的兴起，例如击败无敌舰队，推翻斯图亚特王朝，光荣革命（推翻了暴君和“偏执的天主教徒”），汉诺威王室的继任，击败觊觎英国王位的其他王位继承人和加拿大的法国人。在每个事件中战线划分清晰，一方面是自由和基督教新教（之间的划分），另一方面是“复仇女神两姐妹（伊丽莎白与维多利亚）”即王位和专制统治（之间的划分）。[35]

有了这些假设，“新美国犹太人”和意味着王室已经与罗马结盟的王权之间的分歧就清晰多了。这解释了反对英国1774年《魁北克法》的政治和宗教精英阶层的如“火山爆发式”的强烈抗议：乔治三世在殖民地挨家挨户地传播天主教，这是强加罗马天主教的前奏！印花税法的通过是法国式天主教的阴谋！[36]这些都是清教徒的本能反应。

第五节　19世纪的自由主义

如果说18世纪是约翰·洛克的时代，那么19世纪就是自由和类似自由的多样性的时代。大西洋自由主义者之间存在两大隐含的强烈分歧：一方面是自主和权利的基本原则，另一方面是平等主义和民主的基本原则。自由主义与敌对的现代主义言辞相融合的同时，还面临来自它的竞争。当欧洲人思考怎样提升白人社会时，自由主义与社会主义和基督教的融合成为了司空见惯的组合。然而，当欧洲人思考怎样提升殖民地的非白人种族社会时，他们倾向于将自由主义和社会卡尔文主义融合。通过这样的组合，大主教教区的种族主义者以及他们在海外领地的权威统治被合理地解释为一种意识形态，这种意识形态既是看似真正的人道的，又无可救药地以救世主的盛气凌人的态度示人，同时又可以让他们能够肆无忌惮地从中谋求私利。根据这个原理的阐述，社会契约并不适用于殖民地的非白人种族，因为这些种族的发展没有达到欧洲的水平。非白人种族仍然处在契约之前的社会进化阶段。在此阶段，他们依靠仁慈的父亲形象（即白人）来被领导并受到启发。[37]约翰·斯图尔特·米尔（1806—1873）是这一论断的主要推动者。他最负盛名的观点是把“洛克派个人主义”夸大成几乎“无拘无束的自由主义”，把社会自由看作是“唯一称得上自由的，是以我们自己的方式追求我们自己的利益，只要我们用不剥夺其他人的利益或妨碍他人获得他们的利益”[38]。但跟他的先辈洛克一样，他的自由构想也是有附带条件的，也带有精英主义。因为他为东印度公司效力，所以殖民主义的种子一直藏在他的观点之中。尽管他对个人主义的支持隐含着人道主义，但或许他最大的遗产是他为殖民专制主义的辩护。米尔明确了自由主义只维护资产阶级的自由：它维护那些已经拥有足够社会地位（通过种族、教育、财产、金钱、社会地位、职业和政治）的人的自由，并使这些人的自由合法化，让他们首先拥有适当高的自主程度。据米尔认为，英国的工人阶级没有必要要求自由，除非他们“能被当作理智的人”[39]。他认为他们是“最混乱、最堕落、最难管教并且是所有民族中最不值得尊重和信任的”[40]。殖民统治下的当地人也不必认为他们值得拥有自由：“专制主义是处理野蛮人的合理监管形式。”[41] 他强烈反对印度的自治，因为“如果他们想进步的话，则必须靠外国人来实现”[42]。

自由主义一贯忽视弱势群体的特殊需求，但是其中唯一例外的就是米尔对女性的阐述。米尔认为“法律上某一性别服从于另一性别本身就是错误的，它应该被一个完全平等的基本原则取代，不赋予一方权力或特权，也不剥夺另一方的权力”，并以此作为他 1869 年关于“女性的服从”的论文开头。[43] 他在开头部分论述性别不平等时阐述道：

> 性别不平等早在人类社会的朦胧时代就成为事实，每个女性（由于男性为她们带来的价值，加上她们在肌肉力量上的劣势）都处在被某个男性束缚的地位。法律和政治体系总是从人们已经发现的既定的、现存的个体间的关系开始。[44]

尽管米尔不太清楚最后的批判是否适用于自由主义本身，毫无争论的是自由主义继承了米尔的支持女性权力的观点，并在重建西方社会的两性关系中起重要作用。

第六节 新殖民主义

当代自由主义包含一种类似于 18 世纪种族主义和 19 世纪殖民主义的元素，这种假设会被今天的自由主义者强烈反驳，然而，如果从发展中国家的角度来看，那时和现在的共同点令人忧虑。马哈蒂尔和李光耀等已经根据一种具有隐性意义的优越性建立了政治资本，这些优越性意味着在催促亚洲政体改革时经常被西方的女性权利等的提倡者提及。更重要的是，亚洲的民主提倡者在这一点上与“亚洲价值观”的批评也有大量的共同之处。所以，马来西亚的钱德拉·穆扎法尔在1996年（在他的朋友安华·易卜拉欣遭监禁很久以前）非常乐意与马哈蒂尔共处一个平台，并说道：

> 虽然正式的准则没有了，西方的支配和控制继续以微妙的、更精练的方式影响着非西方世界的广大群众的权力，而他的破坏性和毁灭性的能力却一点都没有减少，例如，处于支配地位的西方通过联合国安全理事会（UNSC）来控制全球的政治……他们还通过国际货币基金组织、世界银行、世界贸易组织和七国集团来控制全球的经济。强国自私的经济政策花费了非西方世界穷人的数十亿美元的税收，这些收入如果换算成基本需求的话，每年大约可以挽救非西方国家的1 500万条生命。[45]

菲律宾政治经济学家和精英权利的强烈批评者瓦尔顿·贝罗用相同的方式批判了美国在菲律宾扮演的角色。他承认美国总体上推进了民主，但抱怨它建立了“洛克派的自由民主”，使已经拥有社会和经济权利的精英拥有更多的权利，却没有赋予边缘人群任何权利。[46]因此，我们回到了类似的批判：自由主义支撑着已经有能力行使高度自主的人的自由，但弱势群体的自由却仍未被实现。

诚然，自由主义在非政府组织的政治中的过失被自由主义以外的意识形态淡化了。然而，如果我们把注意力转向世界银行、国际货币基金组织这样的国际金融机构（例如世界银行、国际货币基金组织）所扮演的角色，自由主义的作用就更明显了。国际金融机构中的经济自由主义霸权经常被当成“华盛顿共识”，而且建立在一系列政策之上，这些政策包括金融业开放、国有企业私有化、财政纪律以及贸易、外汇汇率和外国投资的放松管制。理论上的目的是促进全球的财富创造，但结果却是为美国和欧洲投资者打开新市场的大门。国际货币基金组织毫无疑问地起了这个作用。它是西方大银行对脆弱的发展中国家强加经济自由主义的手段。它在亚洲金融危机中的发展史显示它愿意在没有慎重考虑被卷入的人类成本和政治成本的情况下贯彻一个自由经济的议题。它的姊妹组织——世界银行就没有这么简单了。在国际金融团体追求发展中国家的“好政府”和社会改良时，世界银行一直扮着“富有同情心的面孔”。但这里表面的仁慈更像是为了掩饰民主主义的家长式作风和西方利己主义这一奇妙的组合。例如，尚塔尔·托马斯是这样评价世界银行推行“好政府”的：

> 目前，计划的重点在于监管，这对于投资者来说至关重要，例如确保产权和契约权能获得司法公正，以及消灭采购和授权部门的腐败。因此，对于世界银行来说，自由管理才是最好的管理机制。[47]

另一方面，世界银行还在许多国家扮演着社会工程师的角色。很多年以来，它积极推行并投资一些计划，这些计划是由西方存在已久的马尔·萨斯人口论对人口控制和堕胎的痴迷激起的。在它的官方文档中，世界银行坦率地承认它对计划生育的高压政策造成了贫穷国家和发展中国家中的穷人的反弹。[48]世界银行还间接承认了它在面对批判时，通过把这些活动并入更广泛的健康营养计划，让它们更难被拒绝或是被识破。[49]这种整合已经到了一种程度：连银行自己都很难分清哪个计划涉及“生育健康计划”并且是以多大的比例涉及它。然而据估计，银行7%的贷款和达1/3的“卫生、营养和人口战略”投资都投给了这个地区。[50]

发展中国家还有一个很强烈的观念，即西方对民权问题的兴趣和通常所说的外国和人道主义问题，更依赖于从西方的电视上所接收的被曝光的问题，而不是依赖高度的原则性。戴维·福赛斯曾提到了这样的现象：美国对1991年伊拉克迫害库尔德人和1992年索马里的人间悲剧，以及——同样重要的——西方在1994年对卢旺达和1997年对扎伊尔帮助的失败。[51]

指责自由主义本身的所有缺点显然有失偏颇，但现在的自由主义霸权让我们很难把它和其他西方推动力分开，因为它们在大多数情况下都是自由主义在现代性上的同源事物。现在自由主义只是跟任何其他宗教一样倾向于被误导和自私地不当使用，注意到这一点也许就足够了。人们认为他们的宗教信仰里的利己和偏见找到正当理由的神奇本领，自由主义者也是这样。

暂不考虑自由主义的传教士特权问题，我们还需要研究当代自由主义，因为它适用欧洲和美洲的中心地带，尽管大多数相关点已经研究过了。第二章和第六章已经提到了近代的发展，它的重点是强调从自由主义中移除基督教和资本家关于性别和社会道德的最后痕迹，还强调夸大一系列自由的极端个人主义的思想。

这项计划的关键发展发生在美国法庭上，在一些列关于生育控制、色情、同性恋和堕胎案件的审判中，人们摒弃了传统的隐私权观念。法院采用自治社会实体权利，取代了使某些个人情况不被公开的权利。这让人们可以参与更加广泛的社会活动，这是前所未有的，而这些活动以前是被看作不道德或者违法的。[52] 在后来的几十年里，这种权利使众多"私人"活动可以免遭法律的谴责，同时也不至于受法律的、法规的和社会的歧视。随着这一发展过程的推进，自由主义通过法庭、立法机构和社会压力向社会强加道德的障碍，看上去跟基督教在转向自由主义的进程中遇到的尖锐是成正比的。

婚姻在大多数的法律范围内被剥夺了社会法律特权，只有在对自由主义概念的完全认同下，才能接受婚姻双方是自由的结合，有可能因为其中一方而随时解除婚约，只有这样才能结婚。成人的权利通常先于儿童的需求（儿童在父母权威下的自主优先于作为父母的家长权利）。包括教会开设的医院、学校在内的所有员工都成了监督主管人员的"抵押品"，主要的任务是保证自由的道德观在工作场所不被侵犯。为了所谓的"中立立场"，在生命、死亡方面的非自由主义观点的问题（比如堕胎）被排除在司法范围之外。简言之，法庭已经用具有垄断性质的自由主义道德观念取代了基督教同一性质的道德观。从历史上讲，这种情况通常只是在选举中反对大多数的选票的情况下才能实现，但是自由主义法律条例的渗透性如此强劲，以至于新的道德观念往往被大众完全认可。

自由主义产生了新的理论家来抓住并维护时代精神。约翰·罗尔斯的早期著作把权力问题的探索放在了自由主义思想的中心地位。这部作品最初是以康德的自主个人的观念为基础的。[53] 然而，20 世纪 90 年代，他努力改变思想来建立一个更广泛的共识。他最后的作品基于一种假设，即公平正义的观念无疑已经足够形成道德中立、本质好的和普遍政治公平的秩序基础。[54] 通过一系列对人道主义根源方面的探索我们发现，毫无疑问，罗尔斯的意图是积极的，但他与他的明智的前辈们一样陷入了概念困境。跟笛卡尔和康德一样，他主张从怀疑论的前提开始，之后大致应用客观的人类理性。另外，跟他的前辈一样，他独断地推翻了这个怀疑论的核心假设：他推测他的公平正义观念是普遍的并且是不可否认的。从这个前提出发，他在社会论述中给予自由主义特权，代价是摒弃了其他宗教信仰和世界观，因此提供了最新的从公民争论中除去其他道德观念的基本原理。所以，虽然他寻求“重叠共识”的尝试表现得很多元化，但它实际上让个人宗教信仰从公众论述中的除名合理化了，而且它在中立性的伪装下向人们强加20世纪60年代后期自由道德观念中狭隘的个人主义准则。[55]

经济自由主义的现代表现也同样值得我们注意。尽管新技术和术语的使用会让生产和交流的实际技术不被19世纪的自由主义者认可，短暂的初期经济自由主义对它在现代发展的议程中被广泛认可感到震惊。21世纪初，自由主义仍旧认为政府管制、工资和薪金控制、工会、进口保护以及社会福利是发展和经济成长的敌人。议题唯一的重要进步是金融放松管制，而在即时的国际交流和电子资金划拨时代之前，它在任何情况下都是不现实的。因为几乎没有重大的变动，所以经济自由滋生出跟前两个世纪一样的根本弱点并不足为奇：它保护了中等以上的人的权利，但对弱势群体做得太少。所以它坚持通过所有权有限公司来保护投资者，却指望工人在短期合同下工作，或作为临时工工作，他们并没有工作保障、工会或工资管制。

20世纪60年代后期的自由主义还有一个方面值得一提，尽管人们完全不认为它是自由主义的形式。作为20世纪60年代的公民权利运动的直接后继者，一个新的“受害者自由主义”产生了。这是一种高度以权利为基础的合法的方法，试图弥补自由主义漠视没有社会权利的人的特殊需求的倾向；它以既是自由主义又是集体主义的形式出现。自由主义的形式限制它阻止并修正特殊的“歧视事件”（比如在工作场合），并在社会机构和社会环境下创造对歧视的反感的信念；集体主义形式更进一步，通常是基于一种假设，认为社会群体之间（通常是基于种族、少数民族、性别等）的不平等结果是由于现代社会机构中的不公平并歧视的特征造成的（比如在学校，家庭结构和雇佣实践中）。这种局面被认为是对同样社会群体中的不同成员的不平等待遇，这给受害者的社会阶层造成了歧视，而这种方法往往被他们看作是恢复对受害者的公平待遇和权利的最适当的方法。有关受害者自由主义的另一个观点是过去对社会群体的不公平可以通过使社会重新审视对那些社会群体的偏见从而修正它们。除了严格意义的自由主义者和放任派自由主义者，大部分的自由主义者都基本上联合起来支持个人主义形式的受害者自由主义。他们在集体主义模式上存在更多的分歧，很多自由主义的继承者不愿意承认他们在自由主义上犯下的错误。

第七节　自由主义和人道主义

在这里，我们可以先放下对自由主义和基督教年谱似的研究，转而考虑每个时代以及每个对同时代的论述的回应中的人道主义元素。首先，让我们来考虑一下自由主义，但这次我们把明显的自由主义元素从同时代的西方全景中剥离开，着重看一下自由主义的优势和劣势。这些可以进一步总结为：普遍的人文概念，个人主义的痕迹，对弱势群体的保护，对共同利益的关心以及对理性应用的开放。把这些指示作为临时标准的自由主义应运而生。

很明显，自由主义与普遍权力观念的发展紧密联系。尽管在自由主义者应用这些概念的时候有特定的弱点和局限，这种具有全球普遍性的推动力一直被人所关注并在20世纪末得到突飞猛进的发展。这项规则主要在人类生命周期的末端（即将出生和临近死亡）中有所例外，顺着自由主义的趋势来看，人类生命中最脆弱、最重要时期的特殊需求被蔑视了。也没有理由怀疑自由主义中的个人主义的立场：个人的自主一直是自由主义所有表现的中心，可以说自20世纪60年代以来，很少有个人主义被夸大成社会核心的说法。在保护社会弱势群体的问题上，自由主义的做法更模棱两可：虽然一些资本家和企业家几乎只把自由主义当成伪装的贪婪和社会病态的意识形态外衣，但自由主义者通常自认为是人道主义者。然而，他们对人道主义的理解通常与中产阶级的利益紧密联系。洛克和米尔是这样的，今天的全球化、自由化的世界也是这样。

从积极的方面看，我们需要承认尽管它本质上需要个人主义精神，自由主义也总是保持一种社会视角，这让它拥有一种类似共同利益的元素。除了具有受害者自由主义的集体主义倾向以及来自自由主义的社会民主思想的内涵之外，大部分自由主义所表现出来的形象都具有对社会的那种虽然被压制的，但又是真正的关注，而且往往是自由主义主要关注的内容所在。如果洛克和米尔所宣称的不是对理想主义社会的憧憬，那么他们的观点究竟是指什么呢？如果自由主义没有超越社会个体而着眼于整体的话，很难想象它是否能持续生存三四个世纪。然而几乎没有自由主义者愿意否认自由主义的首要关注点是个体而不是家庭、社会或者国家，而且自由主义为社会制度辩护主要意图即为个人服务，尤其是成年个人。

讽刺的是，自由主义对成人的重视既是它最大的优点也是它主要的概念软肋。这是它人道主义和以人为本的基础，它为成人世界建立了一个思想体系：所以自由主义者在考虑色情和离婚之类的问题时很轻易就忽略了保护儿童的问题。作为一个以个人自主和人类理性规则为前提的思想体系，自由主义在处理儿童问题方面面临困境。洛克和米尔都在儿童问题上感到很困扰，他们几乎为在自由主义主张的结论中忽视儿童问题感到抱歉。洛克的社会理论只有假设社会的所有“演员”都是冷静理性的生物才会发挥作用。他的“社会契约”神话中暗示了一种设想，即社会像一个成人俱乐部，或许是一个充满争论的社会。在他的论述中以年代为顺序的概念性观点的出发点是圣经里的亚当，这并不是巧合。

> 亚当被创造成完美的男性，他的身体和思维完全拥有他们的优势和理性，从他生命的第一刻起就如此有能力为自己提供支持和保护，并根据上帝对他灌输的基于理性法则的意旨控制他的行为。[56]
>
> 亚当的孩子们说，“以另一种方式进入世界……让他们对理性一无所知并不知如何使用它”，如果他们不能接受上帝的“理性法则”，那么他们就不能自由。相反，当他们来到这个世上时，他们的父母拥有一些凌驾于他们之上的规则和权限，之后的一段时间也一样，但这只是暂时的……随着他们不断长大，年龄和理性将他们逐渐从他们父母的管制中释放出来，并随着时间逐渐将他们从中剥离，直到这个人可以自由的控制自己。[57]

实际上，父母“有责任照顾他们的后代，尤其当他们处在童年这种有缺陷的状态时”。但这种合理机制似乎和洛克的带有基本的本能认识（关于儿童需求和父母责任的）的自由主义一致，事实上，它暗含忽视儿童作为弱势群体的苗头。与理性的成年时期可假定的完美状态相反，童年时期很显然是一种“有缺陷”的状态。考虑到洛克对理性新的神化，可以说儿童“对理性一无所知并不知道使用它”等同于忽视他们对人道的需要。米尔面临同样的困境，并且他处理得更糟：“个人是至高无上的，高于他自己，高于他的身体和思维。这一观点意味着自由主义只适用于身体机能处于成熟阶段的人类，或许对此我们没有必要再加以赘述，这里我们没有谈及到儿童……”[58]结论应该很明显，他的解释与洛克的观点同样蹩脚：“自由，作为一项基本原则，在人类变得有能力通过自由和平等对话提升自己之前，它不适用于任何国家的任何情境。”[59] 所以，“那些仍处在需要别人照顾的状态的人，必须受到保护，使他们免受由自己的行为产生的和来自外部的伤害。”[60] 这种推理又一次把儿童通贬至消极的地位，因为儿童不是成熟的成人，因此不需要考虑在内，而不是按照儿童也是社会成员的标准来下定义。米尔的观点在概念上的问题在于他有意使用“儿童问题观点”来诋毁“野蛮人”的人性状态。他认为“同样道理，我们在讨论自由问题的时候可以不考虑那些社会落后的部分，因为在社会落后的部分里，种族本身就被认为是不成熟的概念”。

总而言之，很难说对“儿童问题”的自由处理是否应归咎于过去几个世纪以来欧洲社会对儿童特殊需求的广泛漠视。当然，与理性自主和人道的自由联合被用来削弱 20 世纪后期感知到未诞生孩子的人道，赋予了堕胎相对的合理性。另一方面，毫无疑问的是自由主义在提高儿童待遇方面起到很多积极实际的作用。自工业革命以来，自由主义者就是欧洲和英国社会改革的主导力量，在这个角色中他们为儿童的公众保护和教育引入了一个新的人道主义、民主元素。

但自由主义在另一个对它的儿童待遇的实际批评面前更站不住脚。正如自由主义从未在基于理性自治的道德观念的社会中完全坚持儿童的地位一样，它没有提供把自由观传递给下一代的概念上的工具。杰伊·加菲尔德在 1995 年的佛家思想伦理学年刊上投了一篇题为“佛家思想和民权会议”的文章，其中他明确表达了对此的批评：

> 从自由主义看，关于道德发展有一个秘密：我们怎么成为好人？因为对于自由主义者来说成为好人就是成为拥有权力的尊者和肩负责任的履行者，道德教育似乎需要并正确地包含让人们履行并尊重责任和权力的教育。但如果我们真的调查何种培养能确实促进德高望重的人的发展，所得出的结果并不是这样。事实上爱家人、紧密关系和表达善意才是令人满意的道德发展的必要条件。
>
> ……孩子会学习童年时期所接触到的交往模式和态度。孩子被细心呵护，并学会同情。正是这些孩子成长为任何标准下的道德成熟体。他们就是尊重他人权利并履行自己的职责的个体。[61]

过去，自由主义通常会通过完善它的道德教育来回避这个窘境，无论在学校还是家庭，都有明确的或不明确的基于基督教或资产阶级道德观念的非自由主义道德教育。19世纪和20世纪初的美国对基督教和自由主义教育的整合最为明显。几个世纪以来，这样的处理很让人满意，但这种非正式的联盟在20世纪60年代文化变革的余波中瓦解了，特别是在美国：教会和国家的分离意味着非自由主义的宗教信仰和道德已从学校和公共机构中消失了。这并不鼓舞人心，实际上，美国学龄儿童在道德和社会观念上的衰退为“亚洲价值观”反对“西方自由观”加了一把力。

评估自由主义中的人道主义道德观念的所有优势并不那么容易。积极的特征和消极的特征非常接近，经常是在理论上矛盾但在实际中却趋向一致。个人主义和理性的应用旗鼓相当，尽管存在一些历史上和现代的局限性，自由主义吹捧一种具有普遍性的人性理念。自由主义还在女性平等运动中起到重要作用。自由主义甚至还有地方自治主义方面，比起个人更看重社会的利益，虽然自20世纪60年代以来，这方面被隐藏得很好。尽管带有白人中产阶级偏见，但它对在西方社会和前殖民地引入很多人道主义改革方面也很有帮助。另一方面，自由主义的现代主义前提赋予它通常与教条主义有关的一部分偏执问题，这种偏执在另一宗教诉求政治或社会论述的公共空间时出现。必须承认自由主义总是达不到它自己的采纳普遍的人道观念的构想。不论是早期殖民主义统治下的当地人，还是工薪阶级，或是未出世的孩子，自由主义总是几乎忽视一些群体，认为他们不值得享受与其他人一样的保护，而通常正是那些较弱的群体才应该受到特殊保护。明显地忽视儿童，认为他们比成人低等，这导致了自由主义最大的失败。非常幸运的是，这种概念上的失误没有一直被应用到现实社会中，自由主义一直是一种支持儿童福利的积极的实用力量。

第八节　基督教新教和人道主义

把目光转向基督教新教，我们会发现其在发展历程中同样存在不平等现象，甚至更大的分歧。从本章的前部分可以看出，从新教改革一开始，人道主义倾向就与原教旨主义和独裁主义的反理性的倾向高调合作。甚至在路德自己的思想与实践中，他的反理性主义也与他对天主教会理性的批判以及对教育的高度重视彼此矛盾；强调人与上帝关系的个人主义与极端奥古斯丁教义的反人道主义彼此矛盾；以及他对自由的不断追求与他提倡的对国家的完全服从之间的矛盾。大多数人道主义倾向似乎在卡尔文主义变革中被毁灭了，但即使在这里民主的公理主义力量，从长远的角度看也是强大的积极力量。于是，关于政治体制改革的运动通常是福祸兼有。路德教会和卡尔文教会在性质上都是地方主义的。在欧洲，自由主义是理性教会的产物，但在美国它则成为了一种极端的狭隘主义。这两种表现都包含地方自治主义的压制性元素，但地方主义也起到为周边文化和包括自由主义在内的新思想潮流打开各个社会大门的作用。

回顾一下新教教义，我们不难发现它尤其容易受到自由主义的影响，部分原因是由于地方主义与生俱来的脆弱性，但主要原因是自由主义与基督教新教共同发展，并在基督教新教的影响下不断进步，因此，很多早期的自由主义思想家，特别是康德和洛克，采用基督教新教的教义推进他们的思想。自由主义对基督教新教的贡献在于它所带来的巨大的人道主义影响。人类理性的地位在很多教会恢复到了类托马斯主义的水平；多元论的基本原理被引进，虽然宽容的极限延伸到基督教新教宗教还需要一段时间；在很多地方，卡尔文教会的教条且独裁的清教主义被仁慈的自由人道主义取代了。这个新的理性人道的基督教新教给政治和社会带来的影响通常是令人震惊的。废除奴隶制是基督教新教在英国、欧洲和美国取得的实质性胜利；虽然基督教新教徒通常是废除主义的主要反对者，但这丝毫没有削弱这项成就的地位。自由理性主义的灌输也使很多基督教新教教会做好了来自城市化带来的众多社会问题的准备。基督教新教组织了大量的慈善活动，常常代表城市里的穷人参与社会行动主义者的活动，而且最终还代表了非白种人的所有少数民族。

然而，把自由主义和现代主义注入基督教新教教会需要付出代价，这个代价就是它经常导致基督教新教信仰中很多基本原理的流失。在19世纪和20世纪初就已经出现了这样的问题，当时很多自由基督教新教教徒和“社会福音”的拥护者把救赎和罪孽问题放在了他们的世界观的空白地带。

最近几年来，基督教新教的窘境骤然减轻了，其主要原因是20世纪末期多元文化主义和后现代主义在后殖民国家中的呼声不断加强。基督教徒一直认为救世主通过他在耶稣受难日的死和他在复活节的复活救赎了身陷永恒诅咒中的人类。路德教会和卡尔文主义的教义都接受这个前提，但后来又产生了分歧。路德认为基督的救赎只会降临在那些相信他的人身上，而卡尔文则认为救赎只会降临在那些上帝在时间产生之前就已经选定的人身上。[62] 卡尔文的教义很明显没有路德的普遍，因为它产生了被救赎和不被救赎的明显划分。路德的教义没有陷入普遍主义方面的窘境，因为它运行在路德主义的社会中，在这里一个人穷其一生也不会遇到不相信上帝的人。然而，在现在的地球村中，对普遍主义的不同意见之间的分歧随处可见。一个人应该怎样调解普遍人道主义与从未听过福音的非基督教徒会受到诅咒的信仰之间的矛盾呢？这个问题引发的回答千差万别。第一是完全保持救赎的教义，通过专注于拯救灵魂来体现对人道主义的支持，这种做法在19世纪20年代和30年代之间为社会的发展提供了新的动力；这是新教会的和原教旨主义的方式，也是真正意义上的，但又非常受约束的人道主义。信徒们的这种态度引起了主教的担忧，他们认为如果是这样的话那么每一天都是世界末日，生活就变成了在世界末日到来之前每天争分夺秒地拯救更多的灵魂。在这种情形下，社会正义的理念就不是对社会的正常工作的干扰，充其量也只能算是社会的次要问题。

另一个极端是淡化基督作为唯一普遍个体的上帝和救世主的基督教信仰的倾向。基督教徒彼得·贝利最近在一本圣公会刊物中陈述了这个主张：

> 我们需要重新审视我们提出的基督是通往我们熟知、爱戴并臣服的三位一体的上帝的唯一渠道这一观点。
>
> ……我们需要重新考量我们一直以来所拥有的观念——耶稣是通向天堂的唯一道路，真理的唯一源泉，全部生命的基石（约翰福音14：6）。我们或许应该把那些文字看作描述我们作为基督教徒的自我认知，或者是对被我们认为最佳道路的描述，但没有任何沙文主义或优越性的意思。我们也许不仅需要谦逊地跟随上帝，而且要谦逊地跟随存在（Being，即所有宗教的源泉），同时还要跟随其他宗教的宗教信徒们。[63]

虽然没有在寻求自由的路上偏离太远，但是已经偏离圣经的权威太远了。托瓦尔德·洛伦森为“自由的”浸信会世界联盟写作，他直接把《联合国宣言》提高到了可与圣经的权威相比的权威的水平：

> 因为上帝的热切关心，让人类生命跟上帝创造的一样，所以我们可以推测现代人的权利手段……是上帝在历史上神作的一部分。[64]

实际上，大多数基督教新教教会忽视了关于官方宣言中的如此重要的问题，相反更愿意利用一个叙事框架和基督教关于责任和爱的教义，着眼于基督教的积极人道主义教条。自20世纪70年代以来，基督教新教教会已经发行了正式的宣言及相关问题书，主要根据是把宗教的多种传统的不同方面作为多元化的基督教人道主义的基准点。路德教义强调正义，而南部的浸礼教徒则主要关注自由主义者认为是“私事”同时也是违法的相关问题，例如未出生的孩子的权利问题。实际上，所有的基督教新教教会与自由主义的主张背道而驰。基督教新教非常重视孩子的培养，保护孩子不受色情之类的道德恶习的侵害、家庭的重要性以及宗教的自由。[65]

值得注意的基督教新教的重要特征是它是如何在多层面的核心中找到更广泛的人道主义共识的，这一点只有在少数的边缘问题上有例外的情况，尽管在很多毫无前途而言的前提观点和理论上遇到了种种困难。尽管教条不同，大多数基督教新教徒也笃信一个非常普遍的人道主义观念，当它们在个人主义和地方主义的特性中呈现严重分歧时，大多数基督教新教徒在很大程度上同时持有两种特征。一些原教旨主义者除外，他们通常在大多数事情中可能应用人类理性，确实有很多新教教义的分支重视理性的应用。基督教新教教会也参与了保护儿童和其他弱势群体和边缘群体的活动中，但保护后者的趋势是基督教新教思想不太坚持的一个方面，虽然它参与保护的人群包括盲目的保守反动派、自由放任主义者、关心慈善的人群和改革激进主义者。然而尽管分歧不断，基督教的人道主义教义在很大程度上来自于基督教新教教会。新教教义深深地扎根于基督教的人道主义思想里。

第九节　天主教和人道主义

作者认为，研究天主教会在很多方面都比研究其他任何一个宗教信仰简单，因为它是唯一有中央的结构化领导阶层和被信奉者广泛认可的官僚主义的宗教信仰。这种集中化掩饰了高度的多样性，但它确实是真实而且重要的。天主教会是根基最深的基督教会，甚至连那些怀疑它的主张的人也拥有圣灵降临的第一个主日的认识，这个认识已经有将近1700年了。然而，原教旨主义者和福音派教徒则倾向于按日和年思考，基督教新教教会按时代或世纪思考，而天主教会按世纪和千年思考。它没有通过轻易地接受改变实现长寿，也没有通过置身死板的保守主义实现长寿。教会在它长寿的生命中彻底改变，但总体上变化缓慢谨慎，往往需要十年有时候甚至几百年来实现。鉴于这段谨慎的历史，天主教会接受民权议题的缓慢并不足为奇。

本章之前，我们对天主教会的研究进行到了16世纪前夕。这是为了表示教会混乱的几百年的开始，当时它不得不接受改革、现代主义、自由主义、现代性、工业革命、社会主义和民主。从调查人道主义的观点来看，它的早期发展史并没有意义，当时教会在如何协调对真理的爱和对人的尊重中苦苦挣扎。天主教会和它当时的盟友有时不愿忍受天主教领土内有基督教新教信仰的行为，但总而言之，天主教不能容忍忏悔的异议，而且在英国、荷兰、法国和西班牙等地对基督教新教徒的迫害成了历史性的问题。

天主教对人类权力的概念最开始的回应实质上是由产生它的政治环境操控的。在英国、美国和法国，权利宣言既不与世俗的反天主教也不与基督新教的反天主教有任何瓜葛。庇护六世的对出现的权利文化的第一反应是发出对观点自由和交流自由的谴责。19世纪70年后，庇护九世发行了他的《谬说要录》，谴责了教会与国家的分离、作为“唯一的官方宗教”的天主教会的取消以及对“移民”至天主教国家的其他宗教的自由运动的鼓励。[66]

但到了19世纪末期，距《谬说要录》出版不到30年，罗马开始从它的概念中显露出来，并展开了与现代性的对话。教宗良十三世起初面临城市化、工业革命和社会主义的挑战。在接下来的60年中，罗马建立了一个社会公正的理论，它建立在人类作为宗教的、政治的、社会的、经济的实体的观念之上。当教宗约翰二十三世在1963年发表他的《和平于世》时，关键的转折点来临了，在《和平于世》中他终于完全接受了观念。[67]这个过程的概念性的支点是一个准则的发展，这项准则允许人们在不削弱教会是启示真理的存储库这一主张的情况下自由地犯错。这也许是教会对现代性的开放的崭新的信号，一个门外汉提出了这个支点，他就是天主教哲学家雅克·马里顿。在他的影响下，教皇发表了“每个人都是一个人，也就是说，他的天性被赋予了智力和自由意志”[68]。他认为，即使没有神秘的天启，我们也知道作为一个人“有权利和义务直接并同时跟随他的内心”，这些权利是“普遍并不可侵犯的”[69]。只有这个时候教皇才会转向更传统的“自由主义的”权利观念：

> 通过自然法则，每个人都有权利要求别人尊重他的人格和名声，自由寻找真理、自由表达交流自己观点以及自由追求艺术的权利在道德秩序和

共同利益制定的范围之内；人类有完全获悉公共事件的真相权利。[70]

与20世纪教皇的声明相反，教宗约翰二十三世支持每个人“真诚地按照自己的良知指示尊敬上帝的权利，继而个体地或公众地实践其宗教信仰”的权利。[71]

人类固有的尊严观念（不受真理、信仰或者教会的支配）[72]为教会思想的进化提供了核心理念。但与它的对手自由主义相比，它不是建立在个人主义思想上的尊严，而是依赖于社会制度结构不断更新的基础（例如家庭、法律、私人财产、州和少数民族社区）之上的。教宗约翰二十三世认为尽管这些机构或许会有缺陷，但它们的毁灭或衰退不会有益于公共利益。[73]所以，权利的新认识没有取消更传统的天主教对责任和“公共利益”的重视。权利与义务相辅相成[74]；一项权利会受其他权利的制约[75]；国家权利和州的权利与市民的权利相辅相成[76]。到20世纪末，人民的权力已经被教宗约翰·保罗二世移到了天主教官方思想的中央地位。他甚至还正面应对了协调基督教救赎教义和普遍的人道主义的“问题”，并牵强地对其做出了回应。根据天主教会，基督确实是救赎的唯一途径，但“只有上帝知道的方式”，上帝救赎所有的人性，不仅仅是天主教徒和被洗礼的基督教徒。[77]这与天主教会凭借它的牧师宪法宣布“教会始终与所有的人类家庭同在”以及它的“为人类服务”而自封的非传统的普遍主义一致。这个宣言在1978年教宗约翰保罗二世登上圣座后，才多少有点学术气息，但他把它变成了他执行教皇职务的特点之一。这个观点在约翰·保罗的许多社会的教皇通谕和演讲以及他对美国的联合国大会的两次演讲（1979年和1995年）中显得尤为突出。他没有在任何场合主张任何地方性的或宗派的运动，而是把他们当作发表尊重人民的权力的人道主义主张的机会。

跟自由主义和基督教新教的发展史一样，人道主义和反人道主义在天主教会的历史中矛盾也很强烈。它有自豪的人道主义成果的发展史，包括创办医院、学校以及保护工人、农民、妇女、儿童和未出生的孩子。但这并不能掩盖一些事实：它还参与奴役、拷问、强迫宗教一致、压榨穷人，还歧视妇女和非白人种族团体等等罪过，不一而足。在很多场合，不是教会自己直接负责，而是地方政体或地方文化在合法授权下进行操作，这又一次证明宗教在试图保持与地方文化和地方政体的独立时面临的困难。这有助于我们理解一些它在人道主义历史记载中明显的矛盾，但仍然没有免除教会的罪责。然而，在寻求人道主义道德观念的积极的正面指标过程中，天主教教会处在了一个特殊的地位，因为在整体的指标得分中，天主教的历史发展记录得分既有好的，也有差的，而且有的是同时期的，并且是在同一个国家里。个人主义和自由观念，保护弱势群体，对保护和培养儿童的特别关心，开放理性的运用，共同利益的观念，这些几乎在教会历史的所有阶段都有所表现，而且经常与相反的推动力共存并有着强烈反差。从本研究的观点来看，值得一提的是“积极的”推动力总是被提出来，而且在20世纪受到足够重视。这个发展的一些实际结果可从天主教徒的数量中看出。

第十节　作者之见

本章里面能涉及的内容实在有限，但是这些论述是了解西方宗教的重要内容。毫无疑问的是，自由主义和基督教中都有明显的人道主义痕迹，而且这种人道主义精神与民权发展的议程并驾齐驱。毕竟，民权论述在这两个宗教的文化环境中孕育成长，也可以说是它们的直系后代。人道主义在这两个宗教中是或曾经是如此不完备，这个事实的确令人难过。基督教和自由主义在孕育民权概念中发挥的重要作用毋庸赘述，同样，在自由主义和基督教之间，以及它们内部存在的广泛差异性也毋庸忽视。本章谈到的是两个运动的历史，它们都以对人道主义道德观念的发展所做的贡献为豪，它们都不能不假思索地在关于民权和人道主义的跨文化争论中宣告其拥有“道德优越感”的地位。

我们还清醒地认识到所谓的“不言而喻”的价值观在文化变革和进一步的反思中常常会引来争议。自由主义者，基督教新教徒和天主教都曾捍卫过奴隶制。自由主义者也曾经保护家庭。正像很多基督教新教徒一样，天主教徒也曾经反对宗教自由。这样的例子不胜枚举。当我们意识到20世界60年代个人主义观念下的自由主义在当时的发展如此短暂时，它给我们的启示就显得格外重要。现代主义者或许认为这个社会发展是人类的进步，但对其他人来说，短暂的自由主义发展历史或许是一种警示，这或许表达了一代人的价值观。

注　　释

1.Ihara, C. "Why there are no rights in Buddhism-a reply to Damien Keown", 1995,

Journal of Buddhist Ethics, Online Conference on Buddhism and Human Rights, 1995, p. 1. Available HTTP: //jbe.la.psu.edu/1995conf/ihar a.txt(accessed 15 March, 2011).

2. Hyun-Seok Yu. "Asian values and human security cooperation in Asia", in W. Tow, R. Thakur and In-Taek Hyun (Eds.). *Asia's Emerging Regional Order: reconciling traditional and human security*, Tokyo, New York, Paris: United Nations University Press, 2000, p. 101.

3. St Augustine. *Confessions (trans. R.S. Pine-coffin)*, London: Penguin, [c. 400], 1961.

4. Gurevich, A. *The Origins of European Individualism* (trans. K. Judelson), Oxford: Blackwell, 1995, pp. 91-92.

5. St Augustine, *Confessions*, Chapter III, p. 8.

6. Franck, T. *The Empowered Self: law and society in the age of individualism*, Oxford: Oxford University Press, 1999, p. 104, note 13; Villa-Vicecio, G., "Christianity and human rights", *The Journal of Law and Religions*, 1999, vol. 14, p. 585.

7. St Thomas Aquinas. *Summa Theologica*, 1266-1273, First Part, Q. 79: 4, Available HTTP: //www.newadvent.org/summa/1.htm(accessed 25 August, 2011).

8. St Thomas Aquinas. *Summa Theologica*, 1266-1273, First Part, Q. 79: 4, Available HTTP: //www.newadvent.org/summa/1.htm(accessed 25 August, 2011)First Part of the Second Part, Q. 94:2.

9. Villa-Vincencio, C. "Christianity and human rights", p. 587.

10. Weber, M.(trans. T. Parsons). *The Protestant Ethic and the Spirit of Capitalism*, London: Allen & Unwin, 1930.

11. Oberman, H. (trans. E. Walliser-Schwarzbart). *Luther: man between God and the Devil*, New Haven and London: Yale University Press, 1982, pp. 119-120.

12. Oberman, H. (trans. E. Walliser-Schwarzbart). *Luther: man between God and the Devil*, New Haven and London: Yale University Press, 1982, pp. 129-130.

13. Oberman, H. (trans. E. Walliser-Schwarzbart). *Luther: man between God and the Devil*, New Haven and London: Yale University Press, 1982, pp. 120-121.

14. Skinner, Q. *The Foundations of Modern Political Thought, volume two: the age of Reformation*, London: Cambridge University Press, 1978. p. 5.

15. Long, E. Jr. *A Survey of Christian Ethics*, New York: Oxford University Press, 1976, pp. 133-134, 189.

16. Oberman, H. *Luther*, pp. 146-150.

17. Spitz, L. *Luther and German Humanism, London: Variorum*, 1996, Chapter IX, pp. 385-386.

18. Baron, H. "Calvinist republicanism and its historical roots", *Church History*, 1939, vol. 9, pp. 34-35.

19. Danie-Rops, M. *The Church in the Dark Ages*, London: J. M. Dent & Sons, 1959, pp. 29-47.

20. Franck, T. *The Empowered Self*, p. 137.

21. Kant, I. (trans. N. Smith). *Immanuel Kant's Critique of Pure Reason*, London: Macmillan, New York: St Martin's Press, [1781], 1985, p. 43.

22. Kant, I. (trans. H. Paton). *Groundwork of the Metaphysic of Morals*, New York: Harper & Row, [1785], 1964, Kant's pages, pp. 69-74.

23. Becker, C. *The Declaration of Independence: a study in the history of political ideas*, New York: Vintage Books, 1922, 1942, pp.39-51.

24. Becker, C. *The Declaration of Independence: a study in the history of political ideas*, New York: Vintage Books, 1922, 1942, p. 50.

25. Becker, C. *The Declaration of Independence: a study in the history of political ideas*, New York: Vintage Books, 1922, 1942, p. 49.

26. Ahlstrom, S. *A Religious History of the American People*, New Haven and London: Yale University Press, 1972, p. 132.

27. Zuckert, M. *The Natural Rights Republic: studies in the Foundation of the American political tradition*, Notre Dame, Indiana: University of Notre Dame Press, 1996, pp. 148-201.

28. Shain, B. *The Myth of American Individualism*, pp. 58-59.

29. Hatch, N. *The Sacred Cause of Liberty: republican thought and the millienium in revolutionary New England*, New Haven and London: Yale University Press, 1977, pp. 55-72.

30. Shain, B. *The Myth of American Individualism*, p. 52.

31. Lipsett, W. *American Exceptionalism: A double-edged sword*, New York and London: W. W. Norton, 1996, pp. 19, 60-67; and Ahlstrom, S. *A Religious History of the American People*, pp. 292-293.

32. Becker, C. *The Declaration of Independence*, p. 72.

33. Stiltner, B. *Religion and the Common Good: Catholic contributions to building community in a liberal society*, Lanham: Rowman & Littlefield Publishers, 1999, pp. 24-25.

34. Butterfield, H. *The Whig Interpretation of History*, London: G. Bell & Sons, 1931, p. 5.

35. Hatch, N. *The Sacred Cause of Liberty*, p. 73.

36. Hatch, N. *The Sacred Cause of Liberty*, pp. 72-73.

37.Quilty, M. *Textual Empires: a reading of early British histories of Southeast Asia*, Melbourne: Monash Asia Institute, 1998, pp. 86-87.

38.Mill, J. (Ed. S. Collini). *On Liberty with the Subjection of Women and Chapters on Socialism*, Cambridge: Cambridge University Press, 1989, p. 16.

39.Ten, C. L. "Democracy, socialism, and the working classes", in J. Skorupski (Ed.). *Cambridge Companion to Mill*, Cambridge: Cambridge University Press, 1998, p. 394.

40.Cranston, M. *John Stuart Mill*, London: Longmans, Green & Co., 1967, p. 23.

41.Mill, J. *On Liberty*, p. 13.

42.Parekh, B. "Liberalism and colonialism: a critique of Locke and Mill", in J. Pieterse, and B. Parekh (Eds.). *The Decolonization of Imagination: culture, knowledge and power*, London and New Jersey: Zed Books, 1995, p. 93.

43.Mill, J. *On Liberty*, p. 119.

44.Mill, J. *On Liberty*, p. 123.

45.Chandra Muzaffar. "Towards Human Dignity", in Just World Trust, *Human Wrongs: reflections of Western global dominance and its impact upon human rights*, Penang, Malaysia: Just World Trust, 1996, pp. 269-270.

46.Bello, W. "The Function of Liberal Democracy in the US Imperial Enterprise in the Philippines and Asia", in Just World Trust, *Human Wrongs: reflections of Western global dominance and its impact upon human rights*, Penang, Malaysia: Just World Trust, 1996, p. 88.

47.Thomas, C. "Does the 'good governance' policy of the international financial institutions privilege markets at the expense of democracy?", *Connecticut Journal of International Law*, 1999, vol. 14, p. 561.

48.World Bank. *Population and the World Bank: adaption to change* (revised edition), Washington D. C.: World Bank, 2000, p. 13.

49.Aihwa Ong. "State versus Islam: Malay families, women's bodies, and the body politic in Malaysia", in Aiha Ong and M. Peletz (Eds.). *Bewitching Women, Pious Men: gender and body politics in Southeast Asia*, Berkeley, Los Angeles, London: University of California Press, 1995, pp. 169-170.

50.Aihwa Ong. "State versus Islam: Malay families, women's bodies, and the body politic in Malaysia", in Aiha Ong and M. Peletz (Eds.). *Bewitching Women, Pious Men: gender and body politics in Southeast Asia*, Berkeley, Los Angeles, London: University of California Press, 1995, pp. 14-15.

51.Forsythe, D. "US foreign policy and human rights: the price of principles after the cold war", in D. Forsythe (Ed.). *Human Rights and Comparative Foreign Policy*, Tokyo, New York, Paris: United Nations University Press, 2000, p. 25.

52.Sandel, M. "Moral argument and liberal toleration: abortion and homosexuality", *California Law Review*, 1989, vol. 77, no. 3, pp. 521-538.

53.Rawls, J. *A Theory of Justice*, Cambridge, Mass: Belknap Press of Harvard University Press, 1971.

54.Rawls, J. *Political Liberalism*, New York: Columbia University Press, 1993.

55.Sandel, M. "Review of Political Liberalism, by John Rawls", *Harvard Law Review*, 1994, vol. 107, pp. 1765-1794; Stiltner, B. *Religion and the Common Good*, pp. 55-65.

56.Locke, J. (Ed. P. Laslett). *Two Treatises of Government*, Cambridge: Cambridge University Press, [1690], 1988, p. 305.

57.Locke, J. (Ed. P. Laslett). *Two Treatises of Government*, Cambridge: Cambridge University Press, [1690], 1988, p. 304.

58.Locke, J. (Ed. P. Laslett). *Two Treatises of Government*, Cambridge: Cambridge University Press, [1690], 1988, p. 302.

59.Mill, J. *On Liberty*, p. 13.

60.Mill, J. *On Liberty*, p. 14.

61.Garfield, J. "Human rights and compassion: towards a unified moral framework", *Journal of Buddhist Ethics*, Online Conference on Buddhism and Human Rights, 1995, p. 11. Available HTTP: //jbe.la.posu.edu/1995conf/gar field.txt(accessed, 15 March, 2008).

62.Marsden, G. *Understanding Fundamentalism and Evangelicalism*, Grand Rapids,

Michigan: William B. Eerdmans Publishing, 1991, pp. 9-11.

63.Bailey, P. "Celebrating the Universal Declaration of Human Rights' 50th: should Christians rejoice or lament?", *St Mark's Review*, Summer, 1999, no. 176, pp. 8-9.

64.Lorenzen, T. *The Rights of the Child*, McLean, Virginia: Baptist World Alliance, 1998, p. 17.

65.Hollenbach, D. *Claims in Conflict: retrieving and renewing the Catholic human rights tradition*, New York: Paulist Press, 1979, p. 111.

66.Shupack, M."The Churches and Human Rights:Catholic and Protestant human rights views as reflected in church statements", *Harvard Human Rights Journal*, vol. 6, 1993, pp. 127-57; Wood, J. Jr. *Baptist and Human Rights*, McLean, Virgina: Baptist World Alliance, 1997; Lorenzen, T. *The Rights of the Child*; Lorenzen, T. *Freedom of Religion as a Human Right*, McLean, Virginia: Baptist World Alliance, 1999.

67.Langan, J. "Human rights in Roman Catholicism", in A. Swindler (Ed.). *Human Rights in Religious Traditions*, New York: The Pilgrim Press, 1982, p. 32.

68.Pope John XXIII. Pacem in Terrist: encyclical on establishing universal peace in truth, justice, charity, and liberty, 1963, New Advent Catholic Website. Available HTTP: // www.newadvent.org/docs/jo23pt.htm(accessed March, 2010).

69.Maritain, J. *True Humanism*, London: Geoffrey Bles: The Centenary Press, 1938; Maritain, J. (trans. J. Fitzgerald). *The Person and the Common Good*, Notre Dame, Indiana: University of Notre Dame Press, 1946, 1966; Maritain, J. *Man and the State*, Chicago, London, Toronto: The University of Chicago Press, 1951.

70.Pope John XXIII. Pacem in Terris, p. 9.

71.Pope John XXIII.Pacem in Terris, p. 11.

72.Pope John XXIII. Pacem in Terris, p. 12.

73.Pope John XXIII.Pacem in Terris, p. 14.

74.Second Vatican Council, Declaration on Religious Freedom, Dignitatis Humanae, par. 3, cited in Langam, J. "Human rights in Roman Catholicism", p. 29, note 27.

75.Second Vatican Council, Declaration on Religious Freedom, Dignitatis Humanae, par. 3, cited in Langam, J. "Human rights in Roman Catholicism", p. 29, note 27, p. 27.

76.Congregation for the Doctrine of the Faith, *Declaration: "Dominus lesus", on the unicity and salvific universality of Jesus Christ and the Church*, Section V, "The Church and the other religions in relation to salvation". Available HTTP: //www.vatican.va/roman-curia/congregations/cfaith/document/re_con_cfaith_doc_20000806_dominus-iesus_en.html(accessed 18 September, 2010).

77.Second Vatican Council, Gaudium et Spes: Pastoral Constitution on the Church in the Modern World, Part I, Preface, on Catholic Social Teaching, Available HTTP: //www.osjspm.org/cst/gs_cos1.htm(accessed 10 October, 2012).

第八章　佛家思想：慈悲政治

至少我确信，通用的解决方案和普遍的权利只会解决一般普遍的问题和利益冲突。因为这样的问题和冲突不属于一个人，他们的解决方法也不会只帮助一个人，除非我们在行为的方向上（不同的行为之间非常和谐，而且这些行为不仅仅是在理想上或现实上的一致）采取有力的和一贯快速反应的方法。

（彼得·赫肖克《佛家思想》）[1]

但尽管主流自由主义思想和佛家思想对民权论述的贡献之间存在一定程度的共识，在重点和基本原理方面也有明显差异，它们指出了对人类观点的根本不同。它们对和谐、精神和社会观念都特别敏感，这些在主流的自由主义中是格格不入的。[2]基督教与自由主义都认为人类是物种的中心，并都有强烈的意识——作为个人实体的人类自我意识。佛家思想不认为人类是物种的中心，而对众生同等尊重。而且，对人类自我意识的任何强调都与佛家思想的无我教义相悖。这一训诫认为“一个人必须认识到自己与他人不同，实际上没有潜在的自我背后，没有无常的瞬间意识”[3]。这样的教义不太像建立在权利伦理之上。不可否认，从深层次看，佛家思想因为慈悲为怀，很明显是人道主义的。虽然佛家思想本质上在关于伦理自身方面的系统性思维很弱，而且没有权威阶层来教授伦理问题，但它已经开始发展自己独特的人类权力精神。

第一节　佛　　法

佛家思想最神秘的是苦难[八苦]的必然性，它的主要目标是促进精神发展来“化解”或超越这个苦难。传说中的王子悉达多·乔达摩避开了特权生活而追求顿悟，并因此几乎确切地让他走上了成佛（开化的人）之路，这是他苦难的见证。乔达摩开始理解苦难的本质并克服对普世现象的责任的忽视。在持续了几年的体验极端的苦行后，乔达摩通过在忘我和自我放纵之间找到“中庸之道”实现了顿悟。关键是禁欲，在佛家思想神话中乔达摩打败Mara（魔罗）（世界欲望的化身）就被赋予了这个品质。[4]说到魔罗的阻挠就不得不提到当佛陀在前6世纪建立自己的宗教的时候，他并不是一个人。像自由主义和基督教一样，它来源于更古老的宗教。在印度的婆罗门教中，佛家思想和印度教的起源最接近，它包含了很多可以把它们联系起来的元素：轮回转世、因果报应以及印度教中的种性制度。值得注意的是这个继承证明佛家思想没有神的概念，无论是造物主，还是救世主，甚至是好的源头，这也是它不能被当成有神论宗教的原因。没有神圣的权威给佛家思想一个推理，而不是一个有权威的角色，个人完全是基于自愿地接受它。直接的个人的真理知识和伴随着佛道的“绝对真实”在代替神圣权威之路上经历了很长时间，[5]但直到在主张普世和“权利”的道德体系上建立权威后才真正实现。连佛家思想的基本训诫[戒律]（在西方人眼中反映了对道德和伦理系统更深层次的系统处理）也只是被证实的获得好的因果报应的方法。它们并不源于更深层次的系统原理，这些原理让它们适用于绝对主义或普遍主义。[6]

缺乏一个中心神圣的惩戒教义并强调实际的精神发展而不是教义、哲学或思想的发展，这让佛家思想产生了对多元主义、宽容和抚慰的自然性情。这个倾向被所有人最终（在遥远的未来转世）都会实现顿悟佛家思想信仰夸大（很容易克服无数次转世和遥远的赢得真理必然性语境中的错误）。与本章开头提到的一些想法相反，这是一个调查人道主义倾向的积极开头。

佛家思想呼吁的信奉基于表面上只是教条主张的东西，这与苦难因素（始于四圣谛）和减轻苦难的方法（八正道）一致。佛家思想主张主要通过一系列精神训练找到获得满足的理想方式并克服苦难。这些操练的理想结果是熄灭个人意识并能打破轮回。[7]在南亚和东南亚的小乘佛家思想学派中，这意味着成佛 [相当于能通过实现涅槃或升天打破轮回的人]。在东亚的大成佛家思想学派中，人渴望成为菩萨 [注定入佛道，但延迟它继续在世上作为实质的活圣人，来帮助其他人找到顿悟]。[8]然而，大多数人没有实现这些理想，并根据他们在世上的所作所为获得的因果报应转世成更低级的形式。坏的因果报应让人贬为众生中的低级别：一个坏人可能转世成丑陋的人、女人、动物、昆虫或魔鬼。好的因果报应让人转世成高级别的：一个好人会转世成国王或高僧、伟大的思想者、阿罗汉佛或菩萨。

佛家思想的核心原则是四圣谛：苦难 [八苦] 无所不在；它的源头私欲、渴求 [贪爱]；它的解脱，除去贪爱；以及通过佛法即中庸之道的指引获得解脱方法。[9]佛法 [方法或真理或责任] 基于八正道之上，八正道让人们从理论上的知转为实践上的知。八正道包括正见解、正思想、正语言、正行为、正职业、正精进、正意念和正禅定。[10]佛家思想的伦理基础来自它的五戒：戒杀生、戒偷盗、戒邪淫、戒妄语、戒饮酒。[11]这些是佛家思想的简单框架，不包括那些让它对信奉者有吸引力的所有深奥和灵性。

第二节　良　　知

自相矛盾的是，佛家思想作为寻求净化个人良知的宗教，有高度的个人主义信仰，让个人良知有效地成为人生命中的真实权威，这一点与自由主义和更自由主义的基督教新教教会相雷同。经文、释文、僧伽、菩萨以及高僧等，这些都提供指引和理念，但没有提供裁判。在某些方面，佛家思想对良知推崇更甚于古典自由主义，因为只有在佛家思想中“正确观”和“正思维”才有演变成对真理的直接个人认知的潜力，这与基督教徒为了一睹天堂的圣面的真福直观非常相似。大乘佛家思想比起忠诚于建立的规范细节，更重视自我导向的道德原则 [持戒]，在大乘佛家思想中，菩萨或高僧甚至会违反五戒——考虑到是带着方便 [善巧方便] 去做的！[12]所以，如果能让一个未婚女性更接近顿悟的话，菩萨可以与她交媾。[13]正是通过一个类似的基本原理，过去的几代人看到武僧在战斗前会参禅。[14]对良知的宽限深入到佛家思想实践的中心，这本质上是渐进而排他的。所以佛院居士可以只遵守一些或所有的基本五戒，但僧人必须遵守多个戒律。

佛家思想都遵循一个核心信仰，但产生的不同给它们不同的表象，甚至连外行也能感受到。东南亚的小乘佛家思想是仍然遵循最早的佛家思想传统的平民、实用主义信仰。它为俗人记下佛法让僧侣遵守，并提供在整个后世不断改善现世命运的忠实和希望，最后实现顿悟和涅槃，然而未来遥远得难以想象。东亚的大乘佛家思想学派（现公认其始于前2世纪）目前接受小乘佛家思想学派的教义，但他们认为它是缺乏充分怜悯的“小乘佛家思想”[15]。大乘佛家思想在哲学上反省，缺乏平民主义，设立了更高的精神和慈悲标准，但如上所述，它在个人道德问题上也更灵活。它与很多实现顿悟的菩萨的因果报应一样提供了忠诚，但延迟涅槃来与不幸的人分享因果报应的“恩赐”。在大乘佛家思想中，顿悟可以几乎在一夜之间完成，但一旦实现了，奖赏就会无私地延期——成为光辉普照的圣人的准则，但也是在民意基础上很难“推广”的准则。尽管佛家思想之间有所不同，它们共享“三宝”或“三珍”，即佛像、佛法和僧伽。很多佛家思想徒认为这三者是一个真理的三个表现，而不是三个分开的个体，它们在世界范围内提供了佛家思想徒的参考规范并延续了千年。

第三节　僧　　伽

实践比信仰更重要，因为因果报应 [有道德成效] 的积累或涅槃或升天 [不受虚假的分裂型自我限制的状态；一种终止了所有邪恶的超自然状态]，使身体行动和心理活动的联系非常紧密。方便 [善巧方便] 观念重视实践的重要性。它们是因果报应中应有的结果（例如布施和爱心演讲），人们认为它们是先于智慧或深刻见解的当务之急。[16] 结果，关于实践问题的争议和分裂最为普遍，特别是在小乘佛家思想中。这些争议通常发生在宗教秩序 [僧伽] 内部，它是佛家思想的中心公共机构。和基督神职人员对他们的信仰一样，僧伽对佛家思想的存续来说也很重要。然而，应该指出的是佛家思想僧侣或尼姑扮演的角色只是依稀相当于天主教神父、基督教新教的牧师等。天主教修士或修女提供了最相似的类比。他们实际上是过着宗教生活的俗人，没有接受任何特殊的神圣的或教义权威，与类似于基督教教区的俗人也没有任何联系。但实际上这还不是非常准确的类比。成为佛家思想僧侣的目的只是积累好的因果报应而不是服务于上天。他们应被给予很大的尊重，因为可以推出他们今生成为僧侣或尼姑是因为前世获得了好的因果报应，而且有益于僧侣的言行在因果报应上是有成效的。而且，天主教开始禁欲生活的决议，并认为这是他们被授予的神圣天职：这是非常光荣的献身。虽然大多数国家的佛家思想僧侣会开始僧伽，并在生活中禁欲，但这一现象远非普遍。泰国和缅甸的僧侣通常会立下短暂的誓言以允许他们离开、结婚并在世上生存。通过僧伽不仅是获得好的因果报应的手段，而且很多人认为这也能为好的生活和婚姻做好准备。在日本、越南和韩国，有很多决议实际上允许僧侣结婚并依然处于僧伽中。

历史上，在佛家思想国家中，僧伽吸收了政治角色，他们的命运也与这些政体联系在一起。僧伽是佛家思想政体中重要的合法手段，但它很容易被统治者操作，这些统治者经常根据政体的需要在宗教团体之间以及它们内部挑起争议，而不是基于更高的原则问题。[17] 易受国家干涉的弱点让我们联想到对欧洲基督教新教的研究。坦达姆非常强烈地主张让佛家思想教义制度化所有尝试必会导致僧伽屈从于国家。[18]

佛家思想和僧伽在泰国和缅甸（虽然缅甸没有佛家思想君主）仍然扮演着重要的合法角色。[19] 所以，这两个国家在政治上的方方面面建立了对僧伽和杰出僧侣的支持。但不得不承认的是，在这两个国家，有时候默默无闻的僧侣对政治出乎意料的干涉也有很大可能让政界大乱。

第四节 阿育王

在前两章搜集自由主义、基督教的人道主义线索时，历史方法被证明特别有效。佛家思想对制度的忽视让这个方法不太有用，但参考历史可以看到很多点。从现行研究的角度看，最重要的历史发展之一是印度国王阿育王从公元前270年掌握主权。阿育王从他的父亲那继承了相当大的帝国，之后他建立了包括大部分次大陆的大帝国，并继续进一步扩张。之后他还派遣传教士到帝国之外传播佛家思想：到印度的其他地方、北非、南欧、斯里兰卡（对本研究意义重大，因为佛家思想通过斯里兰卡传遍了几乎整个亚洲）。[20] 阿育王的统治树立了佛家思想福利国家视角的榜样，正如唐纳德·史威尔所说：

> 历史上神秘的佛家思想世界统治者［转轮王］的化身，转轮王把佛法具

体化，并用它来进行统治，他还使国王的十种指责［十种王法］人格化：施与、持戒、大施、不忿、不害、忍辱、方正、柔和、修道、不争。[21]

毫无疑问，在阿育王对佛家思想的描绘中有精心设计的神话，但这并没有削弱他所扮演的角色的重要性，他创造了为随后的政权设立高尚仁慈的标准的历史性先例，这个先例支撑了在经文中找到更多的与历史无关的统治神话。[22] 另一方面，阿育王的例子也为合法化提供了重要的实际巩固。人们总是认为具有佛家思想的君主通过前世的美德获得统治的权利：他是佛家思想的俗家领头人，是保护者甚至可能是菩萨。多亏了阿育王，佛家思想国王也成了复杂的国家中心的宇宙哲学焦点，这个宇宙哲学在整个南亚和东南亚被融入到皇家和宗教的仪式以及建筑中，在婆罗浮屠和吴哥的巴戎寺尤为突出。跟前几章研究的基督教神话一样，佛家思想政治的合法化似乎可以被转变来服务于几乎任何形式的政体，这让寻求反抗并改善国家权利的现代"激进"佛家思想徒非常厌恶。

但统治者的行为标准（特别是它反映阿育王传奇的程度）仍然是衡量合法化的支柱。从调查人道主义倾向的角度看，它的存在是有力的积极力量，并且尤为重要，因为东南亚缺乏本土的社会契约神话。佛家思想隐含的社会契约在抵消印度和前印度"原始强力"神话上面临艰巨的任务。[23] 特别是在泰国和缅甸，善恶的力量（通常被表现为光明和黑暗或高山和大海）被当作行使原始权利的古老而有形的存在。有人通过仪式来处理这些原始强力：通过减轻并限制邪灵，鼓励善灵。因此，统治者为他自己的道德所用，并且统治者行使越多的权利，他就会越努力地证明自己与善灵的结合。[24] 类似的神话在传统的爪哇文化中起了作用，这里产生了类似的权利和善恶的概念。[25] 考虑到这个世界观，对统治采取"权利平衡的"方法似乎很荒谬，因为这等同于赞成善恶之间的平衡，而需要的很明显是善的胜利。佛家思想没有完全去除这样的来自任何东南亚国家的推动力，实际上佛家思想君主基本上接受印度教君主的伪装和权利假设。佛家思想最重要的贡献是提供统治者为人民利益效劳的抵消性需求，以及为僧伽引入一个合法化和权威交替的轨迹。

第五节　泰　国

我们还应考虑的另一组历史人物，即19、20世纪查克里王朝的暹罗君主，以及孟库国王（罗摩四世）和他的儿子朱拉隆功国王（罗摩五世）。他们与阿育王不在同一个历史联盟中，但作为佛家思想与现代性融合最成功的代理人，他们是本研究不能忽视的。他们为泰国精英引入了英语、西方科学和世俗思想。朱拉隆功国王鼓励王宫和上层社会的年轻成员去欧洲学习，并在曼谷建立了英式的培训学校，引入大众教育体系来教授新知识，还根据欧洲的做法改革暹罗的法律体系和管理体系。[26]从本研究的角度看，这个进程最具意义的方面是现代化本质上由佛家思想僧侣实施，因为僧伽是唯一能实施朱拉隆功的改革的国家体制。在1902年实施的法律中，僧伽的世俗角色被制度化并被认可。[27]朱拉隆功的两个直接继承者，即他的儿子瓦基拉乌国王（罗摩六世）和帕恰提波（罗摩七世），并不像他们影响全局的现代主义者的父亲。然而，他们迅速实现了泰国君政体，因为他们跨越到1932年专制君主政体终结后不安定的宪政和军事统治。后来，被证明为国家中唯一长期有效的稳定力量是君主政体。

本节应该提到泰国作为亚太地区佛家思想政治中心的特殊地位，以及它明显次要的大乘佛家思想地位。试想一下缅甸的英国官员在19世纪写下的这段文字：

> 缅甸人不可能相信一个没有信仰守护者（指定并统治佛家思想阶级的王）的宗教。根据人民的观念，君主政体的灭亡让国家没有了宗教信仰。[28]

石井阳子曾在其著作中指出，以上这段话充分描述了整个东南亚的“小乘佛家思想的精华”，包括缅甸、泰国、柬埔寨和老挝。[29]但当英国在1878年废止君主体制时，缅甸人不得不面对失去信仰守护者的事实。柬埔寨和老挝幸免于突然的混乱，但见证了他们的国王一步步地被贬谪。只有泰国的佛家思想王国没有遭受殖民主义专政的羞辱，最终佛家思想“自然”秩序也没有遭到阻碍。即使没有更深的思考，这也给泰国一个初步的例外论主张，但区别更意味深长。泰国有几代人生活在打压公民社会、自由和自由言论的独裁之下，在这个方面，印度支那国家与他们不同。

这不能与泰国相对和蔼的军事独裁相比，他们的军事独裁虽然侵扰并操控公民社会，但它允许相对自由的思想交流。只有泰国受困于这样的问题：进行资本主义经济制度还是成功地民主化。最终，泰国在面对政治和现代性的公共面孔时由于疏忽，留在了佛家思想发展的风口浪尖。

泰国是我们研究范围的焦点，因为我们在研究佛家思想中人道主义的政治因素。关于更深奥的问题，例如伦理、道德和人类天性，泰国并没有非常重要的影响，因此也不做详细讨论。

第六节　相互依赖理念

佛家思想中的人道主义倾向在很多方面比前几章简单很多。广开言路和非教条主义的信仰（源于佛陀自身）使得它产生了积极的人道主义影响。宣言的“前言”强调了人类“认知、敏感、自由潜能”的珍贵，还强调他们有责任保护他人的“道德和精神发展”机会不被剥夺。它重视我们的“互相依赖”而不是独立的权利，并把减少众生的苦难视为人性的目标。相互依赖的主题在“前言”的最后一段达到了巅峰：

> 缺少内在的自我（无我）的佛家思想教义表明苦难并不真的“属于”任何人。它发生在众生的生命流程中。以增加其他人的苦难为代价，努力减少“我的”生命中的苦难是愚蠢的，因为这相反会给自己带来更多的苦难（因果报应），还因为它依托于一个理念——“我”是神圣不可侵犯的实体，不依赖别人也能善待他人。[30]

而在佛家思想教义中认为：

> 1. 所有生命形式的相互依赖和由它引起的互惠义务，例如我们有责任报答前世的父母、亲属以及朋友给我们的恩情。
>
> 2. 给予众生普遍同情的需要，众生在厌恶痛苦和期望幸福方面总是相似的。

3. 不可剥夺的尊严，尊严即生灵通过能在有生之年或未来实现开化的美德。

西方《关于“佛家思想和民权”》会议申明：

1. 每个人应该从他人和政府那获得人道的待遇……

2. 每个人必须受到同等待遇，并且不能受到种族、国籍、宗教、性别、肤色、年龄、智能或政治观点方面的歧视。

3. 人类……有义务为人类的世世代代保护与其他生灵共处的环境，并且避免对其他生命形式产生直接或间接的伤害。[31]

第七节 入世佛教

正如不难在现代佛家思想中找到人道主义的证据和对民权的支持，有大量证据证明很多佛教徒积极参与寻找民权、社会公正和民主。这个现象还有名字：“社会参与佛教”或“入世佛教”。它很大程度上基于佛家思想僧侣直言不讳的反资本主义、反独裁的观点。泰国僧侣中最著名的是佛使比丘苏拉克·西瓦拉克沙（入世佛家思想国际网的创立者）和巴差·哈坦努瓦特尔，但有的文献则说明包括柴阿南·萨姆达瓦尼加、巴差·哈坦努瓦特尔和菩提乐尊者。托马斯·亚纳尔嘲笑“入世佛家思想”是由“美国的亚洲材料创造的”[32]。入世佛家思想之后又出现了佛家思想社会和宗教激进主义的长期传统，特别是在泰国，但在其他小乘佛家思想的东南亚的程度没有这么深。最值得注意的例子是吴努，他是缅甸的第一任3首相，也是“佛家思想社会主义”的概念创始人。维护女性的权利，帮助穷人，反对资本主义过剩，保护森林、小乘佛家思想的僧侣和俗家弟子，不管是反对独裁还是腐败，都是他所提倡的。

第八节 人 性

很容易只接受佛家思想已经把自己和现代性同化，并且是如此彻底以至于它能与民权论述完全一致。然而，如果我们保持前几章的做法，通过针对所谓的“人道主义标准”来检验宗教信仰，它一定会揭露佛家思想人道主义的微妙之处。作者所搜集到的宗教“人道主义积极指标”清单总结如下：普遍的人道主义观念；个人主义痕迹；保护弱势群体；对儿童的特别关注；关注公共利益以及开放理性的运用。从清单的前面开始，我们阐发一个开放的观点：佛家思想的教义与人道主义观点十分普遍。在它所有的形式中，佛家思想推翻推动力是对众生的怜悯，特别是对所有人。众生是轮回［生、死、重生的轮转］的一部分，但人类是特殊的阶级，因为他们抓住了珍稀的理解机会和道德精神进步的机会。当然，一些人生在比其他人更容易产生这些进步的环境中。那些生在佛家思想社会中的人明显具有优势，但这并没有减少对那些不太幸运的人的尊重。历史上的佛家思想曾经出现佛家思想把人们（国家或僧伽中的敌人）划为卑劣的低等人，但这个过失的影响并没有持续很久。[33]连佛家思想国家中的堕胎现象也没有导致不考虑胎儿的人性：佛家思想认为未出生的婴儿也是人类，杀死他是错误的。[34]很明显，它并没有否定普遍的佛家思想人性概念的基本事实。

第九节 个人主义

佛家思想作为一个带有理想化的“无我”的“自我”观念的宗教，同时也是一个倾向于重视责任大于权利的宗教，但是不可否认的是在佛家思想中也存在个人主义特色。佛陀也曾在反对自己家庭、社会时离家出走并寻求开化。当然社会或宗教活动中的个人主义必须让步于集体共识的重要理念，佛家思想也不例外。僧侣的宗教秩序基础、严格制度下的尼姑、信仰教条教义后的道德权威以及最后的小乘佛家思想王国中现世的宗教婚姻权威，都证明了所有的佛家思想社会风气主要是集体主义的，而不是个人主义的。佛门外的人则不得不在生活中做大多数重要的决定：不仅有是否参与宗教秩序，还有是否遵守五戒、三戒或无戒。有些社会会惩罚一些不道德的行为。确实国家被认为拥有道德功能，但即使这样对“个人”罪过的惩罚也一直只是善意的警告：比如，如果继续恶行会受到坏的因果报应。[35]而且，虽然传教士在佛家思想的传播中起了非常重要的作用，并陷入宗教战争和宗教迫害，但宗教大都缺少传教组织，这个传教会会让其他信仰的成员进一步了解他们的“真理”。

的确，很多佛家思想的大人物，包括佛陀自己和阿育王，都很尊敬其他的宗教，认为它们也被认为是佛法的部分的（或不完美的）承载者。[36]

第十节　保护弱势群体

还有很重要的一点，佛家思想把弱势群体当作对没有尊重人本身的批评：对前世积下恶报今生遭受苦难的人的尊重。例如，女性原则上比男性的地位低，也不能像男性一样不受干涉地在来世获得极高的地位。所以，我们理解泰国素可泰国王的妻子的呐喊“请允许我用我的权利换取男儿身”[37]。原来以及现在，佛家思想对女性的态度一直推行或合法化一些不合理的理念。在某种程度上，不得不说佛家思想曾经合法化一些性别歧视的地方实践形式，例如一夫多妻制、把女性当奴隶对待、买卖妻子、纳妾和卖淫。但必须承认东南亚关于女性的佛家思想记录与东亚和部分中东地区的历史记录完全相反。而且，随着佛家思想文化被融入现代性，其中的歧视女性的情绪被逐渐消磨掉了。例如最近的女权主义研究发现，泰国的女性有“相对较高的地位和自主权”，不管是衡量文学作品、就业、法律权利、自由选择配偶，还是衡量在婚姻和家庭关系中的自由和权利。[38]

尽管历史上佛家思想文化没有基于因果报应的歧视，但主要的佛家思想没有通过内在的怜悯（起初由佛家思想自己孕育的）陷入最糟糕的境况。佛家思想的因果报应观念是靠一种信仰衡量，这种信仰就是人们的缺陷应该得到他们的同情，这在任何情况下都可能和某个人的上辈子所作所为相关。所以，看不起穷人的倾向被帮助穷人的推动力抵消，并创造了一个社会经济系统从一开始就避免贫穷的产生。[39]虽然这些积极的推动力不能总是被避免，特别是关于女性的待遇，但它们的出现让佛家思想各派和其他现世的思想家能相对简单地为佛家思想对人道主义的解读辩护。

虽然佛家思想在保护弱势群体方面的历史记录甚至是现世的记录包含了跟其他宗教类似的冲突，但毫无疑问的是从我们对人道主义倾向调查的角度看，近期的大多数发展大体上是积极的。国与国之间、城市和乡下的情况各不一样，但总的来说佛家思想和潜在的人道主义让它既能原则上也能在实际上发展并适应平等主义和公正的现代性及现代原则。但这个适应实际上对真实的世界没有多大意义。无论佛家思想的适应性有什么样的人道主义优势，都在信徒心中起到了很强的领导作用。

第十一节　公共利益

作者的人道主义个人标准的最后两个条款是类似于公共利益和对理性运用开放的东西。这两个标准的记录和现世的佛家思想立场很清晰，虽然不是很简单。我们已经知道，佛陀时代特别是阿育王统治以来，佛家思想的个人主义和理想世界通过对人民（作为有物质、精神和社会需要的社会成员）福利的关心得到平衡。这不仅来源于佛家思想一般的慈悲心肠，还来源于佛家思想的社会契约理论，凭借国王的影响力用人民赞同的来统治，一切为了他们的子民应用理性问题稍微复杂些。我们已经知道，历史上佛家思想反对太相信形而上学的思辨，而且怀疑概念化、分类以及三段论的尝试。但这并不意味着它是不合理或反理性的。稻田龟男认为佛家思想的思想形式有存在主义的特点：支持存在先于本质的观点。在一个人是否能概念化桌椅或人类本身的问题上，佛家思想徒与柏拉图（《苏格拉底最后的日子》）一致：与具体的桌椅或人截然相反。但虽然柏拉图（和亚里士多德）找到了解决这个窘境的方法，但存在主义否认解决方法的存在。它主张本质只来源于个别情况，没有了个别情况本质也不可能存在。与此相反，西方逻辑承认本质是既存的，并靠它赋予概念化成长。抽象地考虑桌椅或人没有任何困难。存在主义有另一不太明显的暗示：它把亚里士多德死板的概念筒仓逻辑变成了多孔的海绵。亚里士多德的逻辑遵循缜密的三段论：A 能与 B 或非 B 等同，但不能同时等同。这是亚里士多德逻辑无法证明但可能不证自明的“第一原理”之一的不可避免的结论：“我们认为每个论断都能被任何主张真正肯定或真正否定。”佛家思想逻辑否认这种刻板完全随着四句破出现：A 能等同 B，或等同非 B，或等同 B 和非 B，或既不等同 B 也不等同非 B。

对于建立在亚里士多德逻辑上的思想来说，佛家思想的存在主义藐视理性，确实，对于佛家思想来说，西方逻辑的线性精度是对开化的阻碍和困难的诱因。但佛家思想存在主义确实有自己的内在逻辑，认为它与理性敌对是非常不公平的。的确，强调个人责任和个人在把佛家思想训诫和伦理的粗笔画转化成活在世上的工具中所起的作用，这需要使用人类理性。因为这个过程发生在个人级别上，没有授权给组织结构，所以佛家思想必须被判定为非常重视人类理性，即使它是西方人不太认同的推理方式。

第十二节　人道主义

本章似乎支持了作者的假说，即宗教有包含人道主义线索的倾向：它们不太可能跨越文化界限、地理界限和时间界限，除非包含带有全人类呼吁的普遍人道主义元素。但虽然研究中的宗教有共同的人道主义元素，但不可能在世界观上完全相同（甚至是完全类似）。研究了佛家思想对人类、权利、社会和伦理的处理方式，我们达到了一种思想境界，这与所有的“西方”和一神论思想的基本原理完全不尽相同。但虽然是截然不同的宗教，其宗教教义的结果往往是互补的，而不是对立的。佛家思想永远不会完全符合西方的思维模式，但它的开放以及对人类理性的运用，像本研究所提及的其他宗教一样，有很强的共同人性观念。它也包含了有重要影响的恻隐之心，这是其他宗教所没有的。

注　释

1.Hershock, P. "Dramatic intervention: human rights from a Buddhist perspective", *Philosophy East and West*, 2000, vol. 50, p. 32.

2.Gyatso, T. "Human rights and universal responsibility", *Journal of Buddhist Ethics*, 1995, Online Conference on Buddhism and Human Rights. Available HTTP: //jbe.la.psu.edu/1995conf/dalai1.htm(accessed 15 March, 2011).

3.Hongladarom, S. "Buddhism and human rights in the thoughts of Sulak Sivaraksa and Phra Dhammapidok (Prayudh Pyarutto)", *Journal of Buddhist Ethics*, 1995, Online Conference on Buddhism and Human Rights, p. 3. Available, HTTP: //jbe.la.psu.edu/1995conf/honglada.txt(accessed 15 March, 2011).

4.De Silva, L."The scope and contemporary significance of the Five Precepts", in C. Fu and S. Wawrytko (Eds.). *Buddhist Ethics and Modern Society: an international symposium*, New York: Greenwood Press, 1991, p. 142.

5.Saddhatissa, H. *Buddhist Ethics*, Boston: Wisdom Publications, 1970, 1997, p. 15;

Harvey, P. *An Introduction to Buddhism: teachings, history and practices*, Cambridge: Cambridge University Press, 1990, pp. 11-12.

6.Prebish, C. "From monastic ethics to modern society", in D. Keown (Ed.). *Contemporary Buddhist Ethics*, Richmond, Surrey: Curzon, 2000, pp. 41-42.

7.Harvey, P. *An Introduction to Buddhism*, pp. 60-68.

8.Humphreys, C. *Buddhism: an introduction and guide*, London: Penguin, 1990, pp. 49-56; Mitomo, Ryojun."The ethics of Mahayana Buddhism in the Bodhicaryavatara", in C. Fu and S. Wawrytko (Eds.). *Buddhist Ethics and Modern Society*, pp. 15-26.

9.Danto, A. *Mysticism and Morality: oriental thought and moral philosophy*, New York and London: Basic Books, 1972, pp. 67-75.

10.De Silva, L. "The scope and contemporary significance of the Five Precepts", pp. 143-157.

11.Harvey, P. *An Introduction to Buddhist Ethics: foundations, values and issues*, Cambridge: Cambridge University Press, 2000, pp. 69-79.

12.Fu, C. "From Paramartha-salya to Samvrti-salya: an attempt at constructive modernization of (Mahayana) Buddhist ethics", in C. Fu and S. Wawrytko (Eds.). *Buddhist Ethics and Modern Society*, pp. 316-321.

13.Harvey, P. *An Introduction to Buddhist Ethics*, p. 139.

14.Wawrytko, S. "Women's Liberation in Taoism and Ch'an/Zen", in C. Fu and S. Wawrytko (Eds.). *Buddhist Ethics and Modern Society*, pp. 266-268.

15.Harvey, P. "An Introduction to Buddhist Ethics", pp. 123-149.

16.Ichishima, M. "Realizing skillful means in future Buddhist institutions", in C. Fu and S. Wawrytko (Eds.). *Buddhist Ethics and Modern Society: an International symposium*, New York: Greenwood Press, 1991, pp. 333-345.

17.Smith, B. (Ed.). *Religion and Legitimation of Power in Thailand, Laos, and Burma*, Chambersberg, PA: Anima Books, 1978.

18.Thanh-Dam Truong. "Asian Values"and the heart of understanding, in J. Cauquelin, P. Lim and B. Mayer-Konig (Eds.). *Asian Values: an encounter with diversity*, Richmond, Surrey: Curzon, 2000, pp. 52-57.

19.Harris, I. (Ed.). *Buddhism and Politics in Twentieth-century Asia*, London and New

York: Continuum, 1999.

20.Sarkisyanz, E. "Buddhist backgrounds of Burmese socialism", in B. Smith (Ed.). *Religion and Legitimation of Power in Thailand*, Laos, and Burma, 2008, p. 87.

21.Swearer, D. *The Buddhist World of Southeast Asia*, Albany, NY: State University of New York Press, 1995, p. 64.

22.Saddhatissa, H. *Buddhist Ethics*, pp. 117-125.

23.Pye, L. *Asian Power and Politics: the cultural dimensions of authority*, Cambridge, Mass: The Belknap Press of Harvard University Press, 1985, pp. 34-39.

24.Pye, L. *Politics, Personality and Nation Building: Burma's search for identity*, New Haven and London: Yale University Press, 1962, pp. 66-71, 146-148.

25.Yoneii Ishii (trans. P. Hawkes). *Sangha, State and Society: Thai Buddhism in history*, Honolulu: University of Hawaii Press, 1986.

26.Reynolds, F. "Sacral kingship and national development: the case of Thailand", in B. Smith (Ed.). *Religion and Legitimation of Power in Thailand, Laos and Burma*, pp. 101-103.

27.Yoneii Ishii. *Sangha, State and Society*, pp. 67-99.

28.Yoneii Ishii. *Sangha, State and Society*, p. 67.

29.Yoneii Ishii. *Sangha, State and Society*, p 89.

30.Online Conference on Buddhism and Human Rights. "Declaration of Interdependence", *Journal of Buddhist Ethics*, Online Conference on Buddhism and Human Rights, Available HTTP: //jbe.la.psu.edu/1995/conf/closing.html#dec(accessed 12 February, 2011).

31.Online Conference on Buddhism and Human Rights. "Declaration of Interdependence", *Journal of Buddhist Ethics*, Online Conference on Buddhism and Human Rights, Available HTTP: //jbe.la.psu.edu/1995/conf/closing.html#dec(accessed 12 February, 2011), p. 99.

32.Yarnall, T. "Engaged Buddhism: new an improved! Made in the USA of Asian materials", *Journal of Buddhist Ethics*, 2000, vol. 7. Available HTTP: //jbe.la.psu.edu/7/yarnall001.html(accessed 12 February, 2011).

33. Yarnall, T. "Engaged Buddhism: new an improved! Made in the USA of Asian materials", *Journal of Buddhist Ethics*, 2000, vol. 7, pp. 257-261.

34.Keown, D. (Ed.). *Buddhism and Abortion*, Hawaii: University of Hawaii Press, 1999.

35.Harvey, P. *An Introduction to Buddhist Ethics*, pp. 347-348.

36.Chappel, D. "Buddhist response to religious pluralism: what are the ethical issues?", in C. Fu and S. Wawrytko (Eds.). *Buddhist Ethics and Modern Society*, pp. 357-361.

37.Satha-Anand, S. "Looking to Buddhism to turn back prostitution in Thailand", in J. Bauer and D. Bell (Eds.). *The East Asian Challenge for Human Rights*, Cambridge: Cambridge University Press, 1999, pp. 193, 197-198.

38.Lerdmaleewong, M. and C. Francis. "Abortion in Thailand: a feminist perspective", in *Journal of Buddhist Ethics*, 1998, vol. 5, p. 28. Available HTTP: //jbe.la.psu.edu/5/aborti1.htm(accessed 21 February, 2011).

39.Harvey, P. *An Introduction to Buddhist Ethics*, pp. 195-197.

第九章 儒学中的“礼”与精英人物的特权

把儒学从它栖息并帮助它形成的各种东亚文化中分离出来几乎是不可能的。20世纪中叶的儒学在中国的中心地带出现动荡，因此，任何关于儒学的研究变得更为复杂了。在高尚文化层面，作为统治的正式体系的儒学确实已经终结了，但在大众文化层面，儒学显示出了更大的持久力。即使在治国之道问题上，儒学遗产仍然繁盛，并深入到了整个东亚地区的文化当中。[1]在越南，拥有几个世纪历史的关于儒学治国之道的越南经典文学也被再出版，享受着重要的复苏。儒学对个人优点（德）的重视被保留。当“好”和“坏”的观念取代血统观念时，一个人的阶级仍然是以传统的方式来衡量：父系继嗣。[2]

在韩国、日本和新加坡，对儒学的正式研究和实践在20世纪就终结了，因为它面临现代性、基督教、资本主义的各种挑战。[3]但在所有的这些情况中，儒学的大众文化影响在社会和统治的所有层面都是明显且不可逃避的——诚然，区别儒学本身的影响和儒学适应各种地方文化有时是很困难的。“纯粹儒学”在20世纪早期以后都不会出现在任何地方。[4]考虑到儒学是一个非常重要的文化动力，促进东亚个人以及个人、社会和政府间的关系的形成，继续保持本研究的观点，对儒学展开探讨似乎更有道理。[5]

第一节 儒学的起源

儒学在理论上始于前6世纪孔子的教义，但孔子自己总结出来的关于传统、观念和宇宙观的思想形成的时期可能会更早。实际上，他呼吁重振更古老的价值观，来响应那个时代陷入混乱的中国。儒学的宇宙观和很多突出特征已经在之前的传统中建立好了。成中英已经对儒学的既存宇宙观进行了详细的解释，并追溯了儒学是怎样引导父权制、秩序、等级制和美德的，这些都是儒学的历史特征。成中英的论述比较详细，在这里不做详细赘述，但重要的一点是，他曾指出"古代中国人民对天堂的血亲和男人的信仰"形成了儒学人道主义和父权制的形而上学。[6]这种血亲观念提供了一个基本原理来把现世的父系关系当作不仅是方便或合理的，还是本质上"正确的"：一个真实且完全的、神圣关系的反映。家庭父权制被转换成宗族父权制，最后成为国家父权制，而且（美德）是个人和公共利益的共同要素。然而，统治者的美德基本上不是个人道德正确性的问题，而是与神圣的自然秩序一致的表现。这并不意味着统治者有对上天的责任，但意味着与神圣现实的一致——首先通过对儒学礼教（礼）的遵从来显示——这是较好的服务于民的先决条件。成中英写道：

> 从现代道德的角度看，我们处在道德的实践中，并遵从奉献于公共利益的道德观的礼节，而且是基于统治者列举的普遍的美德行为……
>
> 世界礼节基于对人类关系的发现，所以（处理）人类关系的能力，一方面反映了直接感受的社会性意识，另一方面反映了基于能力的人性，这两者都达到了儒学人道主义道德美德的顶峰。[7]

请注意成中英提到了对"关系"的发现。这个观念渗透着儒学思想的世界观，而不是创造、发明或启示的观念。关系、美德、道德观、慈悲以及和谐都是神圣的事实。所以，儒学思想意识跟自由理性的存在自由主义意识和康德哲学不一样。它跟天主教意识也不太一样：在自然和神圣的法律命令上应用意志和理性。儒学意识是感性的牵引力，引导人们和同胞一起慈悲行事。它的方向与先验的真实感知一致，这个先验的真实感知起源于天人的亲密关系。理性扮演的角色只是培养对这种关系的认识，而不是做自主的是非决断。

从政治角度来看，结果被描述成"德治"，借此把个人美德共同地定义为对社会角色和社会地位的归属地位甚至是个人价值自我认知的主要因素。[8]从政治上来看，这意味着统治者的合法化依托于他个人的美德观念，这在他的顾问的美德和地区的和平繁荣情形中显现出来。跟自由主义一样，儒学总是对官方权利有很深的怀疑，但不同的是，它摒弃了只依赖法律来约束自己，更乐意培养统治者和顾问的美德、智慧以及慈悲。[9] 然而，必须提出的是，德治的推进是而且一直是与“亚洲价值观”的关系比较微妙，甚至可以说是有一些对立的，例如绩效制和分封制（即提升的选择基于血统、本土宗教或性别之类的归属地位）。

上述阐释中最为重要的方面是天人的亲密关系提供了儒学父权制（暗示着儒学的社会等级制观点）和儒学人道主义的必要基础——并且两者联系是如此紧密以至于很难加以区分。丹尼尔·克沃克就这一现象的观念发展做出了解释：

> 创造人类物种的是祖先，当所有的人“生来平等”时，他们的“平等”也 [只是] 同为人类、区别与动物这种意义上的“平等”。而且，只有人类能识别祖先。所以祖先高于自然。[10]

这种宇宙观给儒学提供了丰富的元素，在本质上是人道、自由的，但同时也是分级的——向主流学者提出了极大的挑战。

第二节　古典儒学

儒学起源于前 6 世纪的孔子的教义，但直到几世纪以后才被接纳为中国的国家意识形态，之后它才开始影响中国历史。到现在它也只是很多学派中的一个。儒学甚至还显现出一点文化霸权竞争者的姿态，因为它似乎既不服务于最高领袖也不服务于被领导者。不像道教，它没有给出对信仰的直接精神安慰，与法家相反，它寻求通过力劝个人美德、自我约束和关心责任来控制统治者的独裁主义。所以孔子跟孟子（儒学中最早最著名的人物）都既是游说学者，也是有一批学术追随者的导师，他们被平民忽视，统治者也只是奉承性地给他们一点点关注。令儒学感到最棘手、最持久的对手是法家，他们牺牲了人民，把苛刻的权利手段和政治操控技巧结合，来实现帝王实际权利的最大化。但有趣的是，正是法家帝王汉武帝（公元前 2 世纪）让儒学成为国家意识形态，因而把它转化成政体合法化的迂回手段。汉代和之后的朝代保留了法家的压迫性思想精髓，但通过参考儒学思想（即把一个人对国家的责任比作儿子对父亲的责任的另一种形式）来衡量他们的政体。[11] 但正如它服务于朝代统治一样，这个新“官方”儒学仍保有原始的人道主义精髓，并成功创造了指定的期望，即帝王和他的大臣是君子（有道德的文雅儒士），并会带来国家的和平、安定、繁荣。这些期望旨在改善中国独裁的苛刻方面，并让朝代的统治能公证仁慈的运行，尽管理论上帝王有无限权力。在这个过程中，儒学比佛家思想在中国追求的任何政治角色都晚几千年。

儒学和法家渐进的综合体自汉代以来就设定了管理模式和很多中国普通老百姓千年来的生活。早期的儒学直接终结了孔孟的教诲，重视树人和建立好政府时美德、求知以及文化的作用。儒法综合体合并了孔孟关于孝道的教诲和儒学第三大思想家荀子的统治指示，荀子比他的两个前辈更关心用法规进行约束。这个新综合体的终极目标是确保社会秩序，它不仅需要美德还需要行为法规来激励有道德的人并控制无德之人。它更为惊人的特征之一是缺少社会与国家或私人与公众的清晰描述。在不同情况下，后者是前者的合并，通过精心的仪式来规范化。所以，统治者和主体联系与父子间的联系在精神上是一样的。这种概念依赖成为专制君主手中有力的工具，他们努力把孟子绝对的孝道教诲与对统治者绝对的忠诚准则融合。

儒学也意味着它会与融入的政治荣辱与共。3 世纪，道教从相对来说比较“无名小卒”的状态开始兴起，占据了中国文化生涯的显著地位。道教席卷了中国的文学界并最终深入人心，因为他们寻求用天人和谐来替代社会和谐，这是儒学没有实现的。道教是第一个采用为人熟知的有组织的中国宗教。佛家思想的兴起（由南亚贸易商和传教士传入）随着道教的崛起，起初甚至偶尔介绍自己是道教的一个宗派。4 世纪，佛家思想统领中国（和越南）的精神生活（相对混乱的六朝时期）。

第三节 新儒学

到了 7 世纪，儒学，而并非佛家思想，开始吸引最聪明的人才并成为了新兴学术研究的主题。这一发展让儒学新时期的改革成为可能：这就是西方所熟知的新儒学。而佛家思想已经被弱化成一种文化力量，甚至还曾经一度被官方禁止，虽然最后进行了调整，并作为中国文化的一部分。在新的学术儒学中，现存的儒学社会政体和伦理关系也呈现出新的活力。孟子定义的伦理五常被再次强调：君大于臣（或民）、父大于子、夫大于妻、兄大于弟以及朋友平等。友情是儒学秩序中唯一显然没有分级的关系，但实际上朋友倾向于建立兄弟之间的关系。慈父般的政治思想（模仿丈夫和父亲仁慈的家长作风）被赋予了新的生命。最后并最为重要的是，伦理上正直的学者扮演的帝王不可或缺的顾问和大臣的角色在政治理论和政治实践中占据中心地位。考核体系被简化为儒学思想手段，变成了通向政府服务和社会进步的主要形式。所以诞生了延续到20世纪的中国管理体系，直到1911年的民主思想革命才被推翻。

考核体系（被公认为是儒学跨进其他东亚地区的催化剂）是新儒学复兴的关键，因此在本书有必要稍微深入地探讨一下。新儒学把考核体系转变为儒士复制自己的渠道。儒学希望培养既存的神圣秩序的意识，以便于重现神秘的社会和谐的黄金时代。因为它重视“发现”已知的真理，考核应该在循规蹈矩的传统下进行，用来确保下一代的管理者、学者和政府大臣意识形态的稳定，这些都是很自然的。可以这么说，考核似乎完全是保守的。但这个描述忽视了人文理想主义，也就是隐藏在新儒学教育政体和儒学对教育的民主化推动力之后。如果回到儒学的源头，我们会发现文化和求知一直是美德和仁慈观念的中心。因此，孟子是这样表述的：“仁义之道是君子与畜生的区别点。普通人失去了这个明显特征，而君子仍然具有。”[12]成为君子只有一条路，即以孔子和（道）的道德教育。孟子认为美德是人们固有的，但它需要通过教育来培养成形，否则它会被泯灭，也只不过比“畜生”好那么一点点。荀子的思想与儒学思想相反，由相反的前提总结出几乎一致的结论：人性本恶，只能通过道德教育让人们高于畜生。不管是什么方式的儒学都认为无社会阶级差别的教育势在必行，这也是早在汉代就有的理想。[13]

新儒学学者郑重其事地要求教育的民主化，虽然理想与现实之间的差距悬殊。可以说朱熹（1130—1200）领导了新儒学运动的学术权威，他非常重视能扩展到最偏僻的乡村的普遍系统教育。[14]朱熹号召所有的男性受教育，但在他有生之年一直被忽视，只有忽必烈汗和他的继承者分别在13世纪和14世纪早期，半信半疑地响应他的呼吁。后者的努力虽然有严重的遗留问题，但持续了很久。[15]乡村建起了社区学校，但尽管有最好的计划，还是出现了明显的分歧：农家男孩在不必干农活的时候去资源贫乏、师资不足的学校上学，但书香门第和大财主的儿子们一年到头都在精英学校读书。社区学校给乡下人灌输孝顺（孝）、服从、勤奋工作、仁慈之类的基本美德，教导男孩们遵纪守法。在精英（阶层），大多数情况下私塾也会教授基本的儒学美德，但同时为了准备国家考核，教导他们像君子一样遵守礼节（礼）。在这种情况下，文人或管理者的大多数人员都来自地主和文人（或官僚）家庭，而且从贫穷的乡下人跃至上流社会只能通过大家族或宗族的牺牲，或者是靠有钱赞助者的捐款。这个体系的缺点很明显，但也没有必要对其进行苛刻的批评。毕竟，多亏了儒学才有了首个教育民主化推动。而且，我们可以简单地认为现在整个西方的普及教育只是为了掩盖教育的分歧（精英教育和大众教育），与中国过去的“新儒学”起初推行阶段的特征相似。

中国是儒学历史发展的中心地带，但并不是唯一的中心。越南在历史上是中国的一部分，当15世纪儒学成为国家意识形态时，越南也成为了儒学政体。韩国和日本随着新儒学的复兴把它吸纳为它们的统治伦理；虽然他们都没有正式从各自的贵族封建传统中解放出来。他们倾向于让考核制度符合已有的阶级结构，而不是效仿中国对全民的“德治”理想。所以发展各种各样的儒学会被认为是“腐化”它或让它适应某个人的爱好。

第四节　儒学价值观

尽管不同文化在统治层面实行儒学思想的情况多种多样，然而，在大众文化上却很相似，而且有些国家实行的儒学世界观有很多共同点：等级制、家长式作风以及家庭导向的社会愿景。这个展望十分重视个人美德并十分敬重学识，但同时培养了对大人物的尊敬。这种风气的相关特质和潜在的人道主义在之后的法令中得以证明：（起初发表于11世纪，17世纪又被赋予显著地位。）

> 父亲应该是正义的，他能让家人正直。兄长应该有手足之情，他应该能照顾他的弟弟们。弟弟应该孝顺，他应该能赡养父母。夫妻应该互相承担义务，极度贫困之时，他们应该互相照顾，这就是有责任感……男女必须有别。（男有妻，女有夫，区别不能混淆。）孩子应该学习，他们应该能懂得礼节性的礼仪、公正、诚实和羞愧。[16]

所以一个人可以是学者、儿子、弟弟、父亲、丈夫和邻居，他在这些地位中负有责任、享有权利。当然，以上陈述的各种关系中的性别歧视也很明显，而且这只是社区和家庭礼制加强等级的社会的一部分，社区和家庭礼制在更高的社会和政府的阶层进步发展时，就会变得更为重要。规定儿童为了文化、文雅和美德本身而学习。

国家关于这一主题的不同在广泛的儒学传统中相当大，即使是在以家庭为中心的社会体制中（所有的其他儒学关系的合理化都来源于这一点）。比如，在越南，儒学家长式体系被修改并受到地方传统的严格限制，所以女性有相对高的地位和重要的社会经济主权。[17] 如果把日本实用主义的家庭观念和中国儒学家庭的“纯粹”相比，可以看到日本儒学的版本似乎已经偏离中国儒学最初的版本很远。后者是以祖先为基础的、父系的。他依赖于父传子的基因上的血缘延续，兄弟姐妹之间也有严格的分级，即弟弟将永远服从于兄长。另一反面，日本的家更少地依赖于血缘，更倾向于团体而不是家庭导向。它尤其具有家长式作风，但却给予母亲养育孩子和家庭内部的主导地位。而且，它还鼓励年轻的儿子自力更生，并能够非常成功地建立自己的家庭；因此挣脱了原来的家庭成员。

到现在为止，本书已经讨论了很多这些不同的社会、政治和经济暗示，所以不重视它们是不明智的。另一方面，否认不同国家实行的儒学思想所隐藏的共同点也是不对的。

第五节　杰出人物的特权

贯串儒学的悠久历史，起主导作用的是一套持久的思想体系和相应的社会冲突。这些社会冲突既来源于儒学宇宙观内部的矛盾，也来源于儒学与现有政体之间微妙的关系。在本书这样简短的论述中不可能进行有价值的社会冲突研究，但或许通过关注核心方面，即儒学人道主义的内在精英主义，我们可以直接解读儒学精神的核心。

必须说明的是，精英主义是世界历史上大多数人道主义的中心部分，所以儒学中有精英主义也不足为奇。欧洲的“文艺复兴人”知道他们在各方面（智力、能力、教育、文化、感知、风雅、职业）比平民和富有的资助者都优秀。除了文艺复兴人经常被排除在政府和管理之外，同一时期的新儒学学者也强烈认同文艺复兴人的创造力。但儒学人道主义的精英主义绝非例外：中国精英最后推翻了西方现代性的挑战，而不是改革儒学秩序。寻求儒学民主统一和民主运动只是为了回应20世纪90年代的“亚洲价值观”争论。[18]

儒学最民主状态的主张中最有力地表现了儒学内在的精英主义。[19]例如卜爱莲，高度赞扬孔子对共同人性的提倡（出自《论语》）：“性相近也，习相远也。”这个表述对当前的论述尤为重要，因为1950年联合国教科文组织认为它是“种族论述”的核心。

> 虽然中文仅仅8个字，译成英语也只有八个单词，但这个两千多年前简明扼要的主张是有力的证据，因为它似乎恰当地表达了人类平等和人际关系的现代意味，并且考虑到异同两面。[20]

儒学有平等和共性的暗示，卜爱莲也主张儒学是带有现代价值观的珍贵的古文读物。这一节文字确实认可“共同人性”和“道德潜在的相似点”，但并没有暗示对平等待遇的承诺。[21]现代的读者倾向于认为在《论语》中，孔子认为把人类分开的各种行为是认可共同人性的唯一阻碍。实际上，他认为它们是评判一个人道德发展的标准，即这个人是否成长为一个健全的人。对于孔子来说，一个人成长为健全的人是一种社会属性。正如我们已经在孟子的文章中看到的，我们出生时只比兽类高等一点点。[22]

因此，教条的自由主义者不会是唯一一个对儒学提出的三六九等的观念暗示感到吃惊的人。自由主义有非常强烈的通过增加自治和社会化来实现人道的观念，一旦削弱了自治和社会化就会失去人道（所以，现在西方社会迫切要求安乐死）。佛家思想的三六九等观念也同样非常明显。

那么，我们似乎必须严肃对待，因为它直达儒学社会哲学的核心。然而，我们也不应该对经济发展、文化互动和现代交流的影响进行忽视。我们已经能从中国、韩国、越南和日本的女性接受的义务教育中发现对性别歧视改革的有力证据。虽然女性教育在新儒学的中国并不稀奇，但当代男女普遍接受教育的现象在东亚很普遍。

在每个儒学社会中，经济的发展，正在将权利中心（来自经济、政治和社会的）下放给企业家和专业人员等新兴的富裕阶层。[23]这个新兴的、被赋予权利的中间阶级势必会概念化他们是被社会所珍视的阶级。[24]日本人第一个发展这种用途，但其他国家追随日本并体现在这些国家的语言中，权力、权利、特权、特许权的概念非常紧密地联系以至这些概念可以自由互换。这可以从“原始”日本语中清楚看到。Ken在文字上被译成“权威、权力、权利、特许权”。Kenri被译成“权利、特权、所有权、权威、权力、营业权、选举权、代理权”[25]。Kenrizu（ki）被译成某事物的“附加权”。Ken-eki 被译成“权力、权益”。但 kenryonku 被译成“权力、权威、权势”，kengen 被译成“权力、权威、司法权”[26]。

这些符号是一把双刃剑。[27] 如果没有高尚的儒学思想本身，儒学文化就没有在促进和鼓励权利概念化来源方面的缺点。[28] 西方的权利论述历史始于精英权利的概念（封建贵族面对约翰国王），这个概念逐渐被拓宽（例如英国革命之后的英国人）。类似的发展也会不可避免地发生在儒学身上，但来自经济、社会和文化间的压力会带来类似的累进性的发展。[29]

第六节 集体主义

中国从来都不是“社会契约”神话的发源地，但曾经颂扬通过贤能、强大、明智的君主的统治与上天达到和谐，所以比起选择自由它更看重思想正确和统一。因此，在“五四运动”时期，中国采纳了与卢梭的“共同意志”、马克思的“无产阶级专政”相似的平民主义机制，并几乎不关心制衡民主政府的权力。[30] 中国的儒学集体主义观念与之前讨论的精英主义关系紧密。它们的联系在于大众概念的[民]和有教养的[人]的概念。[31] 大众被认为是无形的潜能，孔子认为这种潜能包含了能通过君子的模范和监督作用而产生仁的“元素”。在儒学思想中，大众的主要目标是能有效地培养这项潜能，以便他们能实现更高水平的文雅和仁慈。大多数人仍然是“小人”并只会停留在遵守“法”上，但每一代人里有一些人会超越这些变成君子。日本儒学的集体主义推动力比中国的原始版本甚至更强烈，因为日本似乎将中国儒学的集体主义结合了在中国文化中没有的情感依赖 [amae（撒娇）] 文化。[32] 另一方面，韩国的儒学倾向于追随更传统的中国儒学先例：韩国人将他们的集体主义主要扎根于等级制度、个人主义和乡村社群主义模型中。[33]

然而，认为儒学的集体主义推动力完全消极的而摒弃它是错误的。它们确实可以被轻易地扭曲成独裁和专制在思想上的合理化，但它们也将无私人道的社会意识深深地嵌入了儒学文化。

第七节　儒学的人道主义

我们可以从很多视角来进一步研究儒学历史上的精英主义和集体主义：

（1）一个普遍性的人道概念；
（2）个人主义记录和对每个人作为人的尊重；
（3）对社会弱势群体的保护；
（4）对儿童幸福和培养的特殊关心；
（5）对共同利益的关心；
（6）对理性应用的开放。

在这种情况下，直接除去最后两项或许会比较有用，因为我们已经看到儒学对共同利益非常重视，并且根据它的世俗和社会天性儒学在特性上明显是合理的。然而，前四个指标需要更详细的考虑。表面上看，儒学在前两个标准进行得并不顺利。毕竟本章有很大篇幅来争论儒学认为完全的人道是通过教养和教育获得的。我们也看到儒学的文化遗产是以集体主义为主流的，但儒学也是主导改善精英主义和集体主义相冲突的推动力。儒学中的精英主义和集体主义与慷慨人道的观点交织在一起。杨曾指出仁慈是儒学思想的核心范畴，两个最基本的儒学议题是对人们“与人为善”的教化。[34]这种家长式作风仁慈的受益者是不受种族、文化差异和性别干涉的所有人类。精英主义和家长作风明显存在，完全“仁义之路”在于礼节（通过得体的人），但毫无疑问的是最后的结果是慷慨仁慈的普遍主义。杨曾进一步引用了《论语》中的篇章：“厩焚。子退朝曰‘伤人乎’不问马。”[35]他引用了孟子关于小孩落井的故事，加以进一步解释：

> 任何一个人看见一个小孩将要落井，他的心中会充满惊慌、悲痛、遗憾和同情。相应地发生这些不是因为他会利用这次机会来讨好小孩的父母，也不是因为他想寻求左邻右舍和朋友的赞扬，更不是因为他痛恨不良声誉。[36]

这让我们想起雷蒙德·盖塔的言论：人类的存在基于我们对共有人性的普遍道德理念，这在后现代的世界中也很重要。[37]孟子通过强调对领导人慈悲的传统期望来达到儒学人道主义的全盛。这些当然并非是说儒学让小人有权利，而是就算是小人也可以期待成为他人的仁慈和美德的受益者。

儒学中的普遍主义是否可以轻易地识别个人主义呢？当然，说儒学中有强烈的个人主义吗？那么儒学里肯定也存在个人主义。君子代表理想的有责任心的人，他作为无私、正直、至高无上的顾问，一直是儒学文化克服独裁主义更有效的良方。明代有一个故事，14 世纪的明太祖发现孟子对昏君的评论之后勃然大怒，还命令寺院除去他的牌位，并警告对上谏的大臣格杀勿论。当正义之臣唐谦谴责明太祖的行为时，他直接把自己的棺材带到了朝堂，并义正言辞地说："为孟子而死，死得光荣。"[38]也就是说，唐谦已经准备好为自己的信念付出最后的代价。他确实配得上君子之名。因此，个人责任在儒学思想中处于中心地位，尽管受精英思想的限制，这种精英思想就是个人责任的程度与一个人的修养（即一个人的教育和教养）相当。

第八节　对弱势群体的保护

儒学对女性、孩子、病患和穷人的保护略显薄弱。当然，经典的儒学要求每个人都能得到大众——（民）应有的关心，但几乎没有考虑到弱势群体的个人本身。在处理性别问题时它的立场非常微妙，因为高尚的儒学本质上是家长式作风的。尽管孟子在反对过度看重男性并支持女性尊严问题上颇费苦心，《论语》中还是几乎没有提到女性。在儒学社会中女性曾经一度处于二等或三等公民的卑微地位，并忍受着当妾、做童养媳以及裹足的命运。日本女性在除了家庭环境的场景之外仍然不能被严肃对待。但尽管协调家长式作风和孝顺——（孝）与性别平等的概念问题有冲突，儒学文化在整个 20 世纪，也逐渐改变对女性的态度。所以，在 21 世纪之初，所有的东亚社会中的女性享有法律平等或是近乎平等的权利，但在某些东亚国家，在结婚和离婚问题上却仍然存在例外。尽管女性依然被家长式作风的家庭和社会关系所束缚，但她们变得更有教养并比她们的母亲们更少地依赖他人，更不用说与她们的祖母相比了。在东亚的发达国家（和新加坡），大多数年轻女性在结婚之前使用现代避孕方式并能轻易地堕胎从而充分地享受性自由，而且无须担心社会对稳定的传统家庭的约束，这种方式在西方是没有的。[39] 所有的迹象表明在所有的儒学社会中，草根阶层的女性“解放”运动将会继续。

另一方面，传统上长子享受着很高的地位，但这没有延续到他的姐妹或弟弟身上。虽然孩子作为行孝道和受教育的人在儒学言论中起着非常重要的作用，但受父母疼爱、哺育、保护的婴儿或儿童几乎没有话语权。缺乏对孩子特殊需要的重视是儒学和佛家思想的共同点。佛家思想可以引用很多原始资料来验证它对自然教化的要求（虽然这些并不能明显证明对儿童的尊重），孟子关于将要落进井内的小孩的比喻表明儒学对孩子有一种自然的关怀。

注　释

1.Woodside, A. "Exalting the latecomer state: intellectuals and the state during the Chinese and Vietnamese reforms", in A. Chan, B. Kerkvliet and J. Unger (Eds.). *Transforming Asian Socialism: China and Vietnam compared*, Sydney: Allen & Unwin, 1999, pp. 17-22.

2.Shirk, S. *Competitive Comrades: career incentives and student strategies in China*, Berkeley: University of California Press, 1982, pp. 1-23.

3.Stockman, N. *Understanding Chinese Society*, Cambridge: Polity Press, 2000, pp. 83, 128-129, 134.

4.Perry, E. & E. Fuller. "China's long march to democracy", *World Policy Journal*, 1991, vol. 8, pp. 667-671.

5.Perry, E. "Casting a Chinese democracy movement: the roles of students, workers, and entrepreneurs", in J. Wassertrom and E. Perry (Eds.). *Popular Protest and Political Culture in Modern China: learning from 1989*, Boulder: Westview Press, 1992, p. 155.

6.Cheng, Chung-ying."Transforming Confucian virtues into human rights: a study of human agency and potency in Confucian ethics", in W. de Bary and Tu Weiming (Eds.). *Confucianism and Human Rights*, New York: Columbia University Press, 1998, pp. 142-143.

7.Cheng, Chung-ying. "Transforming Confucian virtues into human rights: a study of human agency and potency in Confucian ethics", in W. de Bary and Tu Weiming(Eds.). *Confucianism and Human Rights*, New York: Columbia University Press, 1998, p. 143.

8.Cheng, Ten-jen and B. Womack. "General reflections on informal politics in East Asia", *Asian Survey*, 1996, vol. 36, p. 322.

9.Confucius (S. Leys trans.). *The Analects of Confucius*, Translator's introduction, New York, London: W. W. Norton, 1997, pp. xxiv-xxvii.

10.Kwok, D. "On the rites and rights of being human", in W. de Bary and Tu Weiming (Eds.). *Confucianism and Human Rights*, p. 85.

11.Mote, F. *Intellectual Foundations of China*, New York: Alfred A. Knopf, 1971, pp. 61-65.

12.Mencius (D. Lau, trans.). *Mencius*, London: Penguin, 1970, Book IV, Part B, 19.

13.De Bary, W. *Asian Values and Human Rights: A Confucian communitarian perspective*, Cambridge, Mass. and London: Harvard University Press, 1998, p. 41.

14.De Bary, W. *Asian Values and Human Rights: A Confucian communitarian perspective*, Cambridge, Mass. and London: Harvard University Press, 1998, p. 42.

15.De Bary, W. *Asian Values and Human Rights: A Confucian communitarian perspective*, Cambridge, Mass. and London: Harvard University Press, 1998, pp. 43-51.

16.De Bary, W. *Asian Values and Human Rights*, pp. 74-75.

17.Clammer, J. *Values and Development in Southeast Asia*, Petaling Java, Malaysia: Pelanduk Publications, 1996, pp. 20-21.

18.M. Svensson. *The Chinese Conception of Human Rights: the debate on human rights in China, 1898-1949*, Ph.D. thesis, Department of East Asia Languages, Lund University, Lund, 1996, pp. 84-88.

19.Bloom, I."Fundamental intuitions and consensus statements: Mencian Confucianism and human rihts", in W. T. de Bary and Tu Weiming (Eds.). *Confucianism and Human Rights*, p. 96.

20.Bloom, I."Fundamental intuitions and consensus statements: Mencian Confucianism and human rihts", in W. T. de Bary and Tu Weiming (Eds.). *Confucianism and Human Rights*, pp. 78-79.

21. Bloom, I."Fundamental intuitions and consensus statements: Mencian Confucianism and human rihts", in W. T. de Bary and Tu Weiming (Eds.). *Confucianism and Human Rights*, pp. 95-96.

22.Peerenboom, P. "What's wrong with Chinese rights toward a theory of rights with Chinese Characteristics", *Harvard Human Rights Journal*, 1993, vol. 6, pp. 40-41; Mencius, Book IV, Part B, p.19.

23.Gammeltolf, T. and R. Herno, "Human rights in Vietnam: exploring tensions and ambiguities", in M. Jacobsen and Ole Brunn (Eds.). *Human Rights and Asian Values: contesting national identities and cultural representations in Asia*, Richmond, Surrey: Curzon, 2000, pp. 159-177.

24.Wang Gunwu. *The Chineseness of China: selected essays*, Hongkong: Oxford University Press, 1991, pp. 165-186.

25.Wang Gungwu. *The Chineseness of China*, p. 167.

26.Nelson, A. *The Modern Reader's Japanese-English Character Dictionary Revised Edition*, Rutland, Vermont and Tokyo: Charles E. Tuttle Company, 1966, p. 511.

27.*Learner's Chinese English Dictionary*, Revised Edition, Singapore: Nanyang Siang Pau and Umum Publisher, 1983, p. 360.

28.Svensson, M. "The Chinese Conception of Human Rights", pp. 105-155.

29.Ching, J."Human rights: a valid Chinese concept?", and Judge, J."The concept of popular empowerment (Minquan) in the late Qing: classical and contemporary sources of authority", in W. de Bary and Tu Weiming (Eds.). *Confucianism and Human Rights*, pp. 71, 197.

30.Gu E. X. "Who was Mr Democracy? The May Fourth discourse of populist democracy" and radicalization of Chinese intellectuals (1915-1922), *Modern Asian Studies*, 2001, vol. 35, pp. 589-621.

31.Murphy, V. "Confucian thought and democracy", *Asian Culture Quarterly*, 1999, vol. 27, pp. 47-58.

32.Doi, Takeo (trans., J. Bester). *The Anatomy of Dependence (Revised Paperback Edition)*, Tokyo, New York, London: Kodansha International, 1981, p. 47.

33.Chung Yun-Shik. "The urban Korean as individual", *Korea Journal*, 1977, vol. 17, pp. 49-57; Helgensen, G. *Democracy and Authority in Korea: the cultural dimension in Korean politics*, Richmond, Surrey: Curzon, 1998, pp. 109-118.

34.Yang Baoyun."The relevance of Confucianism today", in J. Cauquelin, P. Lim and

B. Mayer-Konig (Eds.). *Asian Values: and encounter with diversity*, Richmond, Surrey: Curzon, 1998, p. 72.

35.Wang Gungwu. "The Chineseness of China", pp. 147-148.

36.Bloom, I. "Mencian Confucianism and human rights", p. 101.

37.Gaita, R. A. *Common Humanity: thinking about love and truth and justice*, Melbourne: Text Publishing, 1999, pp. 177-180.

38.Ron Guey Chu. "Rites and rights in Ming China", in W. de Bary and Tu Weiming (Eds.). *Confucianism and Human Rights*, pp. 172-173.

39.Ron Guey Chu. "Rites and rights in Ming China", in W. de Bary and Tu Weiming (Eds.). *Confucianism and Human Rights*, p. 172.

第十章 再看“亚洲价值观”

我梦想着到了21世纪，东亚的经济发展能够达到世界水平，不仅在数量上，还要在质量上能和西方相匹敌……我的第二个梦想是到了21世纪，东亚能享有文化复兴，那时候我们不仅是文化的消费者，还是文化的生产者，把我们的文化产品输向世界。我的第三个梦想是……到了21世纪，东亚能逐步形成真正的自己的民主模式和良好的管理。最后，我的第四个梦想是……随着中国和日本历史性的和解，东亚国家能团结、更紧密，并开始建立……一个通过对未来的共同展望和对过去的一致认识统一的共同体。

（许通美教授，新加坡巡回大使，2000年2月21日在亚洲身份国际会议上）[1]

值写书之际，“亚洲价值观”框架仍然是依稀可见。就像许通美在上面引用的文字中清楚表明的一样，在它的保护伞下的大多数问题和矛盾仍然存在，但没有人讨论“亚洲价值观”本身。李光耀避开了这个词。马哈蒂尔在立论时没有使用这个词。但支撑“亚洲价值观”观点的推动力依然存在，还等着在下一次亚太领导人感到反对之声不断高涨时再次派上用场，不管这些反对之声源于坚定还是源于不安全感。仅凭这一点，建立在“亚洲价值观”之上的“温和战”似乎会继续困扰国际关系、亚太国家国内的社会政治等问题。“亚洲价值观”的某些方面也似乎引来了持续的关注。不管有没有李光耀和马哈蒂尔，亚洲的国家、文化等都会继续面对现代性，并将参与到关于亚洲价值观的对话中去，虽然这一对话会影响到不同政党的利益。经济变化会促进人们对地方文化的作用和性质做出进一步的反思。民主思想在与统治抗衡的时候可能会不断强大，也可能会艰难地存活甚至彻底被推翻。想到这些，逐条评价目前显性的“亚洲价值观”议程的现状似乎更有意义。

第一节　民主思想

20 世纪 80—90 年代席卷亚太地区的所谓的“民主的第三次浪潮”对将这个观点应用于民主持怀疑的态度。[2]韩国、菲律宾、印度尼西亚和泰国在民主时代都是这样。

民主思想在整个亚洲全景中形成了一种合理的形式，但它在亚洲的政治管理模式中是否是一种成功的形式目前还不清楚。很多亚洲地区的地方文化都认为民主对于亚太地区管理来说并不一定是一个成功模式。这对民主在该地区的发展造成不利影响。尽管事实上在亚太地区来自世界各地的具有民主思想特征的宗教在合适的情况下都能够作为政治管理的辅助形式扎根于当地的文化。最高领导人通过个人权利的力量进行统治，几乎整个亚太地区都很看重人格主义领导和忠诚，这难免会造成与民主统治的冲突。看上去泰国是新的民主思想国家，它基于文化的权力概念形成了施行良好的民主思想的管理形式的最小的障碍。泰国与日本一样在文化上有“优势”：他们把真实的权利与传统的权力来源（如泰国的国王和日本的天皇）分开。跟日本一样，泰国保有一个有名无实的、没有统治权的国王，子民将他们的善意的、深情的、盲目的忠诚寄托于他，而这种君主制不会阻止民主思想的进程。这让泰国国王轻易地超越了统治，并在关键的历史时期将伦理思想注入政治。在泰国和日本两个国家里，人们对政治领袖都没有敬畏之情，不管他们是平民还是军人出身，也不管他们是被选举上台的，还是靠自己的军事实力打下来的。没有人希望他们成为兄长、父亲、伪神圣的统治者或近代的儒学皇帝之类的角色，因此大众的期望更低，政治被贬低到了一种需要妥协、协议和世俗统治的层面，这也是适应民主思想现状的看法。

印度尼西亚对有效合理的民主政府的最大希望是梅加瓦蒂总统建立一个新的治理模式，这种模式可以减少印度尼西亚人民给予总统的期望和权力。虽然我们永远不能给一个未经检验的领导人定性，但印度尼西亚前总统梅加瓦蒂似乎没有试图展示出她作为一个有能力，通过个人魅力或通过命令行使统治权力的总统形象。她甚至可以被小看成几乎行使不了实权的名义领袖或权力掮客。不管怎样，如果她的统治能降低印度尼西亚人民给予总统的期望，或者如果有效的权力转移到可以实现良好统治的民主思想议会联盟，这可以称得上印度尼西亚民主发展重要的一步。另一个场景是真实的权力被再集中于总统职位，通过削弱其他党派或推翻非民主力量来实现。

另一方面，在执行权力和象征权力集中于同一个人的国家，文化上的共识需要也会产生政治妥协，这也是民主精神的必要组成部分。相反的，它也造成了与亚洲政治共生的两个相对的形式：权力分散时的党派主义倾向和权力巩固时的独裁主义倾向。所以，韩国和印度尼西亚的统治倾向于在软弱无能和无情的强势之间摇摆，这两个国家都很有可能遭受民主思想的彻底失败。由此看来，民主思想的第三次浪潮确实是冒着撞上亚洲价值观“巨石”的风险。在民主思想浪潮发生时，它会让亚洲人和亚洲之外的人处于与学者们在20世纪90年代关于“亚洲价值观”进行争论时所出现的困境。

民主和法治之间存在原有的冲突同时也存在着一种相平行发展的关系。2001年7月，北京大学的学者写过一篇学术会议论文，这篇论文反对施压中国的民主化，因为对中国来说引进有效的法治比引进民主更迫切、更可行。[3] 这个观点直接证明了20世纪90年代“自由主义对民主思想”争论的本质。[4]

而且，独裁主义的国家仍然可能退化到在20世纪90年代前段由外交胜利推动实现的“亚洲价值观”巅峰的情况。让我们记住民主并不一定与选举或责任有关。它只是“基于可以自由表达人民决定自己的政治、经济、社会和文化体系的意志以及自由表达他们完全参与自己生活的方方面面的意志”（第8条）的定义。战略上对民主的关心或许会减少西方在边缘上对民主的纠缠，就跟冷战时期一样。

第二节 社会保守主义

社会保守主义是在本研究中发现的一套更深层次的“亚洲价值观”。它的控制力远远超过了公然支持“亚洲价值观”论述的政治保守派。社会保守主义触碰到了更多阶层的人，这些人在西方人眼中是社会的变革者——有时以伦理保守主义的形式，西方人经常担忧具有较强凝聚力的家族的强势。我们注意到不仅是李光耀和马哈蒂尔，还有新加坡的世俗女权主义者、泰国的佛家思想女权主义者都支持强势家族。

离婚率和未婚先孕问题的普遍化在整个亚太地区是很难忍受的。[5] 比如在未婚先孕问题上，大多数亚太社会是非常保守的，但多亏了被广泛接受的避孕和堕胎。[6]虽然以西方标准看是很低的，但离婚率在经济快速发展的地方，逐年上升。[7]

或许，除了这些现象的比率不同以外，亚太和西方在这些问题上最重要的不同是权力在各个社会中有性别之分。[8]婚姻法和婚姻习俗通常（虽然不总是）保护传统的男性权力。尽管佛家思想对女性有名义上的偏见，这种男权主张在佛家思想的东南亚也比其他地方少得多。这或许是因为受到了本土文化抵消的影响，它的本土文化表达出对女性更高的尊重。[9]

特别是在家庭和性别问题上，社会保守主义似乎会继续在亚太的政治论述中扮演着积极的角色，它甚至会像大多数西方国家一样强调“民主”的平民保守主义观点。在理论上，一个人可以区分对另一个人感情和对那个人的生活方式的认可，但实际上这很困难并很不寻常，因此人际关系通常会影响信仰和价值观。

第三节　亚洲的教育和节俭理念

直到 1997 年 8 月的经济危机，“亚洲价值观”能够给亚洲带来的经济利益的观点一直是各个学术圈的信条。“儒学”的东亚赞美它对教育和节俭有益的重视，大多数东南亚国家试图去模仿，这也是很多西方国家所做的。实际上，东亚的经济成功是它面对很多西方“列强”时自信的基本依据，特别是它重视自由民主的基本依据。前面提到的“亚洲特征”的所有后半部分目前普遍被严重谴责，而人们对“亚洲价值观”的前半部分——教育和节俭，也是抱有怀疑的。[10]很明显，西方经济学家认为过分的节俭不仅抑制消费，而且会扭曲市场（对于这一观点作者持反对态度）。这个批判专门指向国家领导的各式节俭，这些节俭在日本和新加坡工业化的早期为它们提供了非常多的国内资本。那么，教育呢？教育仍然被当作经济发展的要素，但东亚的教育方式——高压、批量并重视机械学习和数学——面临非常苛刻的可信度考验，因为人们认为这种教育给孩子过大的压力并扼杀了想象力。陈坤耀在货币危机时做了如下陈述：

> 东南亚的国家……需要在机械教育和更西化的自由教育之间取得平衡，技术教育是过去一直给予他们的，自由教育有助于形成很多创新性、创造性的头脑。[11]

举个例子来说，新加坡正尝试纠正这个明显的教育上的不平衡状况，但却发现旧习惯（也可以简单地说成“旧价值观”）并不会轻易改变。

但对于所有与东亚的教育和节俭习惯有关的问题来说，这些财政资源和人力资源战略处于适中的形式。例如，尽管韩国公众和专家对其教育体制的问题感到不安，也没有任何抛弃传统教育模式或教育课程的倾向。[12] 只是让生活有乐趣，世界贸易组织的前主席（泰国副首相苏帕猜·帕尼察·帕克帝）认为“亚洲价值观”成为了“亚洲的净收益”，因为他们支持这个范围高度的节俭和国内储蓄。他坚信“亚洲价值观”将一直存在，并会在全球化的挑战中存活下来。东亚或许不会实现教育方法和节俭与消费的完全平衡，但没有任何国家会做得完美。

第四节　中国的特殊地位

通常人们在考虑“亚洲价值观”的时候不会考虑到中国的特殊地位。的确，在本书的首个章节中并没有把中国当成“亚洲价值观”争论的要点。但中国将一直保持东方和东南亚独特的生活、经济和政治特性。无论美国和欧洲持何种观点，亚太地区不得不接受中国是一个强大的邻国，同时也是在贸易和投资中能压倒一切的“敌人”或伙伴这一事实。[13]

关于“亚洲价值观”论述的现状不等于中国的现状，但在中长期愿景来看，中国几乎很难被忽视。这一观点可延伸至能影响国家管理、人类安全和国际关系的紧迫问题上，但这些问题并不易解决。

注　释

1.World Bank. *The East Asia Miracle: economic growth and public policy*, Oxford: Oxford University Press for the World Bank, 1993.

2.Koh, T. "Opening address", in Kwok Kian-Woon, I. Arumugam, K. Chia and Lee Chee Keng (Eds.). *We Asians: between past and future*, Singapore: Singapore Heritage Society and the National Archives of Singapore, 2000, pp. 13-14.

3.Pan Wei. "Democracy vs. rule of law: China's political future", *Paper delivered to the Civil Society in Asia Symposium*, Griffith University, Brisbane, Tuesday, 10 July, 2001.

4.Zakaria, F. "The rise of illiberal democracy", *Foreign Affairs*, 1997, vol. 76, pp. 22-43; Plattner, M. "Liberal and democracy: can't have one without the other", *Foreign Affairs*, 1998, vol. 77, pp. 171-180.

5.Baker, p."China: human rights and the law", *The Pacific Review*, 1993, vol. 6, p. 246.

6.Jeng, Wei-Shiuan and P. Mckendry."A comparative study of divorce in three Chinese societies: Taiwan, Singapore and Hong Kong", *International Journal of Sociology of the Family*, 1999, vol. 29, pp. 1-17.

7.For a report on a dramatic increase in the rate of child abandonment in South Korea, see Channel News Asia. Available HTTP:can.mediacorpnews.com/publish/2001/06/10/eastasia62537.htm(accessed 17 July, 2010).

8.Pao, M. "One China, two systems", *Far Eastern Economic Review*, 5 July, 2001.

9.Hayami, Y. "Motherhood redefined: women's choices on family rituals and reproduction in the peripherals of Thailand", *Sojourn*, 1998, vol. 13, pp. 242-262.

10.*New York Times*, 17 Jule, 2001.

11.Bello, W. "The rise of capitalism in Asia", Kwok Kian-Woon, I. Arumugam, K. Chia and Lee Chee Keng (Eds.). *WeAsians: between past and future*, p. 131.

12.Saywell, T. "Suffer the children: In Singapore, as in much of Asia, stress starts early", *Far Eastern Economic Review*, 9 August, 2001.

13.Lee Kuan Yew. *From Third World to First: the Singapore story: 1965-2000, memoirs of Lee Kuan Yew*, Singapore, Singapore Press Holdings and Times Editions, 2000, p. 673.

参考文献

Abdullah, M. Amin, Muhammadiyah's experience in promoting civil society, in Nakamura Mitsuo, S. Siddique and Omar Farouk Bajunid (Eds.). *Islam and Civil Society in Southeast Asia*, 2000, pp. 43-45.

Ahlstrom, S. *A Religious History of the American People*, New Haven and London: Yale University Press, 1972.

Alatas, A. *ASEAN Plus Three Equals Peace Plus Prosperity*, Singapore: Institute of Southeast Asian Studies, 2001.

Ali, M.The Universal Declaration of Human Rights and the Universal Islamic Declaration of Human Rights, *Journal of Objective Studies*, 1998, vol. 10, no. 1, pp.1-49.

Anderson, B. *Language and Power: exploring political cultures in Indonesia*, Ithaca and London: Cornell University Press, 1990.

An-Na'im, A. Problems of dependency: human rights organizations in the Arab world: an interview with Abdullahi An-Na'im, *Middle East Report*, 2000, vol. 30, no. 1, p. 22.

Antlov, H.Demokrasi Pacasila and the future of ideology in Indonesia, in H. Antlov and Tak-Wing Ngo, *The Cultural Construction of Politics in Asia*, Richmond, Surrey: Curzon, 2000, pp. 203-222.

Anwar Ibrahim. Globalisation and the cultural re-empowerment of Asia, in J. Camilleri and Chandra Muzaffar (Eds.). *Globalisation: the perspectives and experiences of the religious traditions of Asia Pacific*, Petaling Jaya, Malaysia: International Moverment for a

Just World, 1998, pp. 1-4.

Aquinas, Saint Thomas. *Summa Theologica*, 1266-1273. Available HTTP: //www.newadvent.org/summa/1.htm(accessed 25 August, 2000).

Aristotle (trans. G. Mure). *Posterior Analytics*, The Internet Classics Archive. Available HTTP: //www.asean.or.id/politics/pramm24.htm(accessed 19 June, 2000).

Augustine, Saint. *Confessions* (trans. R. S. Pine-Coffin), London: Penguin, [c. 400], 1961.

Augustine, Saint (trans. M. Dods). *The City of God*, New York: The Modern Library, [c. 410], 1950.

Aung San Suu Kyi. Human rights and Asia's fear of disorder, *New Perspectives Quarterly*, 1995, Winter, pp. 52-53.

Austin, I.*Pragmatism and Public Policy in East Asia: origins, adaptations and development*, Ph.D. thesis, Department of Government, The University of Queensland, Brisbane, 2000.

Ayoub, M. Asian spiritually and human rights, in Just World Trust, *Human Wrongs: reflection on western global dominance and its impact upon human rights*, Penang, Malaysia: Just World Trust, 1996, pp. 255-267.

Aziz Azriza Ahmed. *Mahathir's Paradigm Shift: the man behind the vision*, Taiping, Malaysia: Firma Malaysia Publishing, 1997.

Bailey, B. Prescribing the pill: politics, culture and the sexual revolution in America's heartland, *Journal of Social History*, 1997, vol. 4, pp. 827-856.

Bailey, P. Celebrating the Universal Declaration of Human Rights'50th: should Christians rejoice or lament? *St Mark's Review*, Summer 1999, no. 176, pp. 3-10.

Baker, P. China: human rights and the law, *The Pacific Review*, 1993, vol. 6, pp. 239-250.

Bakken, B. Principled and unprincipled democracy: the Chinese approach to evaluation and election, in H. Antlov and Tak-Wing Ngo (Eds.). *The Cultural Construction of Politics in Asia*, Richmond, Surrey: Curzon, 2000, pp. 107-130.

Barber, B. Toward individulaism, *The World and I*, 1 April, 2001, pp. 170-175.

Barnhart, M. Buddhism and the morality of abortion, *Journal of Buddhist Ethics*, 1998, vol. 5, available HTTP: //jbe.la.psu.edu/5/barnh981.htm(accessed 21 February, 2012).

Baron, H. Calvinist republicanism and its historical roots, *Church History*, 1939, vol. 8, pp. 30-42.

Barr, M. *Lee Kuan Yew: the beliefs behind the man*, Richmond, Surrey: Curzon, Washington D.C.: Georgetown University Press, 2000.

Bauer, J. and D. Bell (Eds.). *The East Asian Challenge for Human Rights*, Cambridge: Cambridge University Press, 1999.

Bayefsky, A. The UN and the international protection of human rights, in B Galligan and C. Sampford (Eds.). *Rethinking Human Rights*, Sydney: The Federation Press, 1997, pp. 74-86.

Becker, C. *The Declaration of Independence: a study in the history of political ideas*, New York: Vintage Books, 1922, 1942.

Becker, C. *The Heavenly City of the Eighteenth- Century Philosophers*, New Haven and London: Yale University Press, 1932.

Bell, D.Which rights are universal, *Political Theory*, 1999, vol. 27, pp. 849-856.

Bello, W.The Function of Liberal Democracy in the US Imperial Enterprise in the Philippines and Asia, in Just World Trust, *Human Wrongs: reflections of Western global dominance and its impact upon human rights*, Penang, Malaysia: Just World Trust, 1996.

Bello, W. The rise of capitalism in Asia, in Kwok Kian-Woon, I. Arumugam, K. Chia and Lee Chee Keng (Eds.). *We Asians: between past and future*, Singapore: Singapore Heritage Society and National Archives of Singapore, 2000, pp. 130-135.

Berkowitz, P. *Virtue and the Making of Modern Liberalism*, Princeton, NJ: Princeton University Press, 1999.

Berns, W. Pornography versus democracy, *Society*, 1999, vol. 36, no. 6, pp. 16-25.

Bloom, I. Fundamental intuitions and consensus statements: Mencian Confuianism and human rights, in W. de Bary and Tu Weiming (Eds.). *Confucianism and Human Rights*, New York: Columbia University Press, 1998.

Bowen, D. Abortion, Islam and the 1994 Cairo Population Conference, *International Journal of Middle East Studies*, 1997, vol. 29, pp. 161-184.

Brown, D. *The State and Ethnic Politics in Southeast Aisa*, London and New York:

Routledge, 1994.

Bush, G. The possibility of a new world order: unlocking the promise of freedom, *Vital Speeches of the Day*, vol. 57, 15 May, 1991, pp. 450-452.

Butterfield, H. *The Whig Interpretation of History*, London: G. Bell & Sons, 1931.

Camilleri, J. and Chandra Muzaffar (Eds.). *Globalisation: the perspectives and experiences of the religious traditions of Asia Pacific*, Petaling Jaya, Malaysia: International Movement for a Just World, 1998.

Cauquelin, J., P. Lim and B. Mayer-Konig (Eds.). *Asian Values: and encounter with diversity*, Richmond, Surrey: Curzon, 2000.

Chan, A., B. Kerkvliet, J. Unger (Eds.). *Transforming Asian Socialism: China and Vietnam compared*, Sydney: Allen & Unwin, 1999.

Chan, J. Asian values and human rights: an alternative view, in L. Diamond and M. Plattner (Eds.). *Democracy in East Asia*, Baltimore and London: The Johns Hopkins University Press, 1998, pp. 28-41.

Chan, J.Thick and Thin accounts of human rights: lessons from the Asian values debate, in M. Jacobsen and O. Bruun (Eds.). *Human Rights and Asian Values: contesting national identities and cultural representation in Asia*, Richmond, Surrey: Curzon, 2000, pp. 59-74.

Chandra Muzaffar. Toward human dignity, in Just World Trust, *Human Wrongs: reflections of western global dominance and its impact upon human rights*, Penang, Malaysia: Just World Trust, 1996, pp. 268-275.

Chandra Muzaffar. From human rights to human dignity, in P. Van Ness (Ed.). *Debating Human Rights: critical essays from the United States and Asia*, London and New York: Routledge, 1999, pp. 25-31.

Chang Yun-shik. The urban Korean as individual, *Korean Journal*, 1977, vol.17, pp. 49-57.

Chappell, D. Buddhist response to religious pluralism: what are the ethical issues? in C. Fu and S. Wawrytko (Eds.). *Buddhist Ethics and Modern Society: and international symposium*, New York: Greenwood Press, 1991, pp. 355-370.

Cheng, Ten-jen and B, Womack. General refelctions on informal politics in East Asia, *Asian Survey*, 1996, vol. 36, pp. 320-337.

Ching, J. Human rights: a valid Chinese concept? in W. de Bary, and Tu Weiming, *Confucianism and Human Rights*, New York: Columbia University Press, 1998, pp. 67-82.

Chizuko, U. Modern partriarchy and the formation of the Japanese nation state, in D. Denoon et al. (Eds.). *Multicultural Japan: palaeolithic to postmodern*, Cambridge: Cambridge University Press, 1996, pp. 2132-2124.

Christopher, W.US foreign relations: international peace, *Vital Speeches of the Day*, 15 April, 1993, vol. 15, pp. 386-390.

Chung, Oknim. Values, governance, and international relations: the case of South Korea, in Han Sung-Joo (Ed.). *Changing Values in Asia: their impact on government and development*, Singapore: Institute of Southeast Asian Studies; Tokyo and New York: Japan Center for International Exchange, 1999, pp. 76-111.

Confucius (trans. S. Leys). *The Analects of Confucius*, New York, London: W.W. Norton, 1997.

"Congregation for the Doctrine of the Faith", Declaration: Dominus Iesus, on the unicity and salvific universality of Jesus Christ and the Church, Available HTTP: //www.vatican.va/romancuria/congregations/cfaith/document/re_con_cfath_doc_20000806_dominus-iesus_en.html(accessed 18 September, 2010).

Courtois, S., N. Werth & J. L. Panne et al. (trans. J. Murhpy and M. Kramer). *The Black Book of Communism*, Cambridge, Mass and London: Harvard University Press, 1999.

Cranston, M. *John Stuart Mill*, London: Longmans, Green & Co. , 1967.

Daniel-Rops, M. (trans. Audrey Butler). *The Church in the Dark Ages*, London: J. M. Dent & Sons, 1959.

Danto, A. *Mysticism and Morality: oriental thought and moral philosophy*, New York and London: Basic Books, 1972.

Dawood, N. (trans.). *The Koran*, London: Penguin, [c. 610-650], 1959.

De Bary, W. *Asian Values and Human Rights: A Confucian communitarian perspective*, Cambridge, Mass and London: Harvard University Press, 1998.

De Bary, W. and Tu Weiming. *Confucianism and Human Rights*, New York: Columbia University Press, 1998.

Denoon, D. et al. (Eds.). *Multicultural Japan: palaeolithic to postmodern*, Cambridge: Cambridge University Press, 1996.

De Silva, L.The scope and contemporary significance of the Five Precepts, in C. Fu and S. Wawrytko (Eds.). *Buddhist Ethics and Modern Society: and international symposium*, New York: Greenwood Press, 1991, pp. 143-158.

Diamond, L. and M. Plattner (Eds.). *Democracy in East Asia*, Baltimore and London: the Johns Hopkins University Press, 1998.

Diamond, L. and Byung-Kook Kim, Introduction: Consolidating Democracy in South Korea, in L. Diamond and Byung-Kook Kim (Eds.). *Consolidating Democracy in South Korea*, Boulder and London: Lynne Rienner, 2000, pp. 1-20.

Dittmer, L., Haruhiro Fukui and P. Lee (Eds.). *Informal Politics in East Asia*, Cambridge: Cambridge University Press, 2000.

Doi, Takeo (trans. J. Bester). *The Anatomy of Dependence*, Tokyo, New York, London: Kodansha International, 1981.

Donnelly, J. *Universal Human Rights in Theory and Practice*, Ithaca and London: Cornell University Press, 1989.

Donnelly, J. The social construction of international human rights, in T. Dunne and N. Wheeler (Eds.). *Human Rights in Global Politics*, Cambridge: Cambridge University Press, 1999, pp. 71-102.

Duara, P. Culture and consciousness: civilisation discourse and the nationa-state in the 20th century, in Kwok Kian-Woon, I. Arumugam, K. Chia and Lee Chee Keng (Eds.). *We Asians: between past and future*, Singapore: Singapore Heritage Society and National Archives of Singapore, 2000, pp.175-211.

Dunne, T. and N. Wheeler (Eds.). *Human Rights in Global Politics*, Cambridge: Cambridge University Press, 1999.

Eisenstadt, S. Multiple modernities, *Dadalus*, 2000, vol. 129, pp. 1-29.

Elridge, P. *The Politics of Human Rights in Southeast Asia*, London and New York:

Routledge, 2002.

Esposito, J. *Islam: the straight path*, New York: Oxford University Press, 1988.

Falaakh, Mohammad Fajrul.Nahdlatul Ulama and civil society in Indonesia, in Nakamura Mitsuo, S. Siddique and Omar Farouk Bajunid (Eds.). *Islam and Civil Society in Southeast Asia*, pp. 33-42.

Florida, R. Abortion in Buddhist Thailand, in D. Keown, *Buddhism and Abortion*, Hawaii: University of Hawaii Press, 1999, pp. 11-30.

Forsythe, D. US foreign policy and human rights: the price of principles after the Cold War, in D. Forsythe (Ed.). *Human Rights and Comparative Foreign Policy*, Tokyo, New York, Paris: United Nations University Press, 2000, pp. 21-48.

Forsythe, D. (Ed.). *Human Rights and Comparative Foreign Policy*, Tokyo, New York, Paris: United Nations University Press, 2000, pp. 21-48.

Franck, T. *The Empowered Self: law and society in the age of liberalism*, Oxford: Oxford University Press, 1996.

Frohen, B. *The New Communitarians and the Crisis of Modern Liberalism*, Laurence: University of Kansas Press, 1996.

Fu, C. From Paramartha-satya to Samvrti-satya: an attempt at constructive modernization of (Mahayana) Buddhist ethics, in C. Fu and S. Wawrytko (Eds.). *Buddhist Ethics and Modern Society: an international symposium*, New York: Greenwood Press, 1991, pp. 313-329.

Fu, C., and S. Wawrytko (Eds.). *Buddhist Ethics and Modern Society: an international symposium*, New York: Greenwood Press, 1991.

Fukuyama, F. *The End of History and the Last Man*, London: Penguin, 1992.

Fukuyama, F. *The Great Disruption: human nature and the reconstitution of social order*, London: Profile Books, 1999.

Gaita, R. *A Common Humanity: thinking about love and truth and justice*, Melbourne: Text Publishing, 1999.

Galligan, B. and C. Sampford (Eds.). *Rethinking Human Rights*, Sydney: the Federation Press, 1997.

Gammeltoft, T. and R. Herno. Human rights in Vietnam: exploring tensions and ambiguities, in M. Jacobsen and Ole Bruun (Eds.). *Human Rights and Asian Values: contesting national identities and cultural representations in Asia,* Richmond, Surrey: Curzon, 2000, pp. 159-177.

Garfield, J. Human rights and compassion: toward a unified moral framework, *Journal of Buddhist Ethics*, online conference on Buddhism and Human Rights, 1995. Available HTTP: //jbe.la.psu.edu/1995conf/garfield.txt(accessed 15 March, 2008).

Geertz, C. *The Religion of Java*, Chicago: The University of Chicago Press, 1976.

Goh Keng Swee and the Education Study Team. *Report of the Minister of Education*, 1978, Singapore: Government of Singapore, 1979.

Gray, J. *Post-liberalism: studies in political Thought*, London and New York: Routledge, 1993.

Gu, E. X. Who was Mr Democracy? The May Fourth discourse of populist democracy and the radicalization of Chinese intellectuals (1915-1922), *Modern Asian Studies*, 2001, vol. 35, pp. 589-621.

Gurevich, A. *The Origins of European Individulaism* (trans. K. Judelson), Oxford: Blackwell, 1995.

Gyatso, T. Human rihts and universal responsibility, *Journal of Buddhist Ethics*, 1995.

Hammon, P. (Ed.). *The Sacred in a Secular Age: toward revisions in the scientific study of religion*, Berkely: University of Californian Press, 1985.

Han Fook Kwang, Warren Fernandez and Sumiko Tan. *Lee Kuan Yew: the man and his ideas*, Singapore: Times Editions and The Straits Times Press, 1998.

Han Sung-Joo (Ed.). *Changing Values in Asia: their impact on government and development*, Singapore: Institute of Southeast Asian Studies; Tokyo and New York: Japan Center for International Exchange, 1999.

Hargrove, B.Gender, the family, and the sacred, in P. Hammon (Ed.). *The Sacred in a Secular Age: toward revision in the scientific study of religion*, Berkely: University of California Press, 1985, pp. 204-214.

Harris, I. (Ed.). *Buddhism and Politics in Twentieth-century Asia*, London and New York: Continuum, 1999.

Harrison, E. I can only move my feet towards Mizuko Kuyo: memorial services for dead children in Japan, in D. Keown (Ed.). *Buddhism and Abortion*, Hawaii: University of Hawaii Press, 1999, pp. 93-120.

Harvey, P. *An Introduction to Buddhism: teachings, history, and practices*, Cambridge: Cambridge University Press, 1990.

Harvey, P. *An Introduction to Buddhist ethics: foundations, values and issues*, Cambridge: Cambridge University Press, 2000.

Hatch, N. *The Sacred Cause of Liberty: republican thought and the millenium in revolutionary New England*, New Haven and London: Yale University Press, 1977.

Hayami, Y. Motherhood redefined: women's choices on family rituals and reproduction in the peripherals of Thailand, *Sojourn*, 1998, vol.13, pp. 242-262.

He, Baogang. *The Democratization of China*, London and New York: Routledge, 1996.

Hefner, R. (Ed.). *Democratic Civility: the history and cross-cultural possibility of a modern political ideal*, New Brunswick and London: Transaction Publishers, 1998.

Helgesen, G. *Democracy and Authority in Korea: the cultural dimension in Korean politics*, Richmond, Surrey: Curzon, 1998.

Hershock, P. Dramatic intervention: human rights from a Buddhist perspective, *Philosophy East and West*, 2000, vol. 50, pp. 9-33.

Hollenbach, D. *Claims in Conflict: retrieving and renewing the Catholic human rights tradition*, New York: Paulist Press, 1979.

Hongladarom, S. Buddhism and human rights in the thoughts of Sulak Sivaraksa and Phra Dhammapidok (Prayudh Pyarutto), *Journal of Buddhist Ethics*, 1995, online conference on Buddhism and Human Rights, Available HTTP : //jbe.lapsu.edu./1995conf/honglada.txt(accessed 15 March, 2011).

Hooker, M. The translation of Islam into South-East Asia, in M. Hooker (Ed.). *Islam in South-East Asia*, Leiden: E. J. Brill, 1988, pp. 1-22.

Hooker, M. (Ed.). *Islam in South-East Asia*, Leiden: E. J. Brill, 1988.

Howard, R. and J. Donnely. Human dignity, human rights and political regimes, *American Political Science Review*, 1986, vol. 80, pp. 801-817.

Howell, J. Sufism and the Indonesian Islamic revival, *Journal of Asian Studies*, 2001, vol. 60, pp. 701-729.

Huang, M. Universal human rights and Chinese liberalism, in M. Jacobsen and Ole Bruun, *Human Rights and Asian Values: contesting national identities and cultural representations in Asia*, Richmond, Surrey: Curzon, 2000, pp. 227-248.

Humphreys, C. *Buddhism: an introduction and guide*, London: Penguin, 1990.

Huntington, S. *Democratization in the Late Twentieth Century*, Norman and London: University of Oklahoma Press, 1991.

Hutanuwatr, P. Globalisation seen from a Buddhist perspective, in J. Camilleri and Chandra Muzaffar (Eds.). *Globalisation: the perspectives and experiences of the religious traditions of Asia Pacific*, Petaling Jaya, Malaysia: International Movement for a Just World, 1998, pp. 91-104.

Hwang, K. soUTH Korea's bureaucracy and the informal politics of economic development, *Asian Survey*, 1996, vol. 36, pp. 306-319.

Ihara, C. Why there no rights in Buddhism-a reply to Damien Keown, *Journal of Buddhist Ethic*, Online Conference on Buddhism and Human Rights, 1995, Available HTTP: //jbe.lapsu.edu/1995conf/ihara.txt(accessed 15 March, 2011).

Inada, K. Buddhist and Western ethics: problematics and possibilities, in C. Fu and S. Wawrytko (Eds.). *Buddhist Ethics and Modern Society: an international symposium*, New York: Greenwood Press, 1991, pp. 371-382.

Indonesian Ministry of Foreign Affairs. *Africa-Asia Speaks from Bandong*, Djakarta: Indonesian Ministry of Foreign Affairs, 1955.

Jacobsen, M. and O. Bruun (Eds.). *Human Rights and Asian Values: contesting national identities and cultural representations in Asia*, Richmond, Surrey: Curzon, 2000.

Jeffries, P. Human rights, foreign policy and religious belief: an Asia/Pacific perspective, *Brigham Young University Law Review*, 2000, vol. 3, pp. 885-904.

Jeng, Wei-Shiuan and P. McKendry. A comparative study of divorce in three Chinese societies: Taiwan, Singapore and Hong Kong, *International Journal of Sociology of the Family*, 1999, vol. 29, pp. 1-17.

John, XXIII, Pope. Pacem in Terris: encyclical on establishing universal peace in truth, justice, charity and liberty, 1963, New Advent Catholic Website. Available HTTP: www. newadvent.org/docs/jo23pt.htm (accessed March, 2010).

Judge, J. The concept of popular empowerment (minquan) in the late Qing: Classical and contemporary sources of authority, in W. de Bary and Tu Weiming (Eds.). *Confucianism and Human Rights*, New York: Columbia University Press, 1998, pp. 193-208.

Just World Trust. *Human Wrongs: reflections on Western global dominance and its impact upon human rights*, Penang, Malaysia: Just World Trust, 1996.

Kahn, H. and T. Pepper. *The Japanese Challenge: the success and failure of economic success*, New York: Crowell, 1979.

Kahn, H. and T. Pepper with the Hudson Institute. *World Economic Development: 1979 and beyond*, Boulder, Colorado: Westview Press, 1979.

Kamenka, E. The anatomy of an idea, in E. Kamenka and A. Tay (Eds.). *Human Rights*, Melbourne: Edward Arnold (Australia), 1978.

Kamenka, E. and A. Tay (Eds.). *Human Rights*, Melbourne: Edward Arnold (Australia), 1978.

Kamonpatana, Maneewan and Pairoj Witoonpanich (Eds.). *Proceedings of the First International Congress on Ideal Graduates, Integrated to Fourth National Congress on Thai Ideal Graduates (ICIG 2000), Proceedings of ICIG 2000 on Ideal Graduates for World Millenarians: time of global great happiness and prosperity for all*, Bangkok: Thai Ideal Graduates Association, 2000.

Kant, I. (trans. N. Smith). *Immanuel Kant's Critique of Pure Reason*, London: Macmillan; New York: St Martin's Press, 1958.

Kant, I. (trans. H. Paton). *Groundwork of the Metaphysic of Morals*, New York: Harper & Row, 1964.

Kelly, D. Freedom-a European mosaic, in D. Kelly and A. Reid (Eds.). *Asian Freedoms: the idea of freedom in East and Southeast Asia*, Cambridge: Cambridge University Press, 1998, pp.1-18.

Kelly, D., and A. Reid (Eds.). *Asian Freedoms: the idea of freedom in the East and*

Southeast Asia, Cambridge: Cambridge University Press, 1998.

Kent, A. *Between Freedom and Subsistence: China and human rights*, Hong Kong: Oxford University Press, 1993.

Kent, A. *China, the United Nations, and Human Rights: the limits of compliance*, Philadelphia: University of Pennsylvania Press, 1999.

Keown, D. *Buddhism and Bioethics*, New York: St Martin's Press, 1995.

Keown, D. (Ed.). *Buddhism and Abortion*, Hawaii: University of Hawaii Press, 1999.

Keown, D. (Ed.). *Contemporary Buddhist Ethics*, Richmond, Surrey: Curzon, 2000.

Khoo Boo Teik. *Paradoxes of Mahathirism: an intellectual biography of Mahathir Mohamad*, Kuala Lumpur: Oxford University Press, 1995.

Kim, Byung-Kook. Party Politics in South Korea's Democracy: The Crisis of Success, in L. Diamond and Byung-Kook Kim (Eds.). *Consolidating Democracy in South Korea*, Boulder and London: Lynne Rienner, 2000, pp. 173-202.

Kim, Byung-Kook. Electoral Politics and Economic Crisis, 1997-1998, in L. Diamond and Byung-Kook Kim (Eds.). *Consolidating Democracy in South Korea*, Boulder and London: Lynne Rienner, 2000, pp. 173-202.

Kim Dae-jung. A Response to Lee Kuan Yew: is culture destiny? The myth of Asia's anti-democratic values, *Foreign Affairs*, 1994, vol. 73, no. 6, pp. 189-194.

Koentjaraningrat. *Javanese Culture*, Singapore: Oxford University Press, 1989.

Koh, T. *The Quest for World Order: perspectives of a pragmatic idealist*, Singapore: Times Academic Press for the Institute of Policy Studies, 1998.

Koh, T. Opening address, in Kwok Kian-Woon, I. Arumugam, K. Chia and Lee Chee Keng (Eds.). *We Asians: between past and future*, Singapore: Singapore Heritage Society and the National Archives of Singapore, 2000, pp. 9-14.

Kramer, M. *John Locke and the Origins of Private Property: philosophical explorations of individualism, community and equality*, Cambridge: Cambridge University Press, 1997.

Kwok, D. On the rites and rights of being human, in W. de Bary and Tu Weiming (Eds.). *Confucianism and Human Rights*, New York: Columbia University Press, 1998, pp. 83-93.

Kwok, Kian-Woon, I. Arumugam, K, Chia and Lee Chee Keng (Eds.). *We Asians between past and future*, Singapore: Singapore Heritage Society and National Archives of Singapore, 2000.

La Fleur. W. *Liquid Life: abortion and Buddhism in Japan*, Princeton, NJ: Princeton University Press, 1992.

Langan, J. Human rights in Roman Catholicism in A. Swindler (Ed.). *Human Rights in Religious Traditions*, New York: The Pilgrim Press, 1982, pp. 25-39.

Lapidus, I. The separation of state and religion in the development of early Islamic society, *International Journal for Middle East Studies*, 1975, vol. 6, pp. 363-385.

Lee Kuan Yew. *Prime Minister's Speeches, Press Conferences, Interviews, Statements Etc.*, Singapore: Prime Minister's Office, 1959-1990.

Lee Kuan Yew. *Lee Kuan Yew on the Chinese Community in Singapore*, Singapore: Singapore Chinese Chamber of Commerce and Industry and the Singapore Federation of Chinese Clan Association, 1991.

Lee Kuan Yew. *From Third World to First: the Singapore story: 1965-2000, memoirs of Lee Kuan Yew*, Singapore: Singapore Press Holdings and Times Editions, 2000.

Lee, M. *Odyssey of Korean Democracy: Korean politics, 1987-1990*, New York: Praeger, 1990.

Lee Teng-hui. Confucian democracy: modernization, culture and the state in East Asia, *Harvard International Review*, Fall 1999, pp. 16-18.

Lerdmaleewong, M. and C. Francis. Abortion in Thailand: a feminist perspective, in *Journal of Buddhist Ethics*, 1998, vol. 5. Available HTTP: //jbe.la.psu.edu/5/aborti1.htm (accessed, 21 Februray, 2011).

Lerner, N. *Religion, Beliefs, and International Human Rights*, Maryknoll, New York: Orbis Books, 2000.

Levy, C. and C. Olsen. *Riding the Tiger Volume 3*, Australian Film Finance Corporation and Olsen Levy Productions, 1992.

Lindholm, C. *The Islamic Middle East: an historical anthropology*, Oxford and Cambridge, Massachusetts: Blackwell Publishers, 1996.

Ling, L. H. M. and Chih-yu Shih. Confucianism with a liberal face: the meaning of democratic politics in postcolonial Taiwan, *Review of Politics*, 1998, vol. 60, no. 1, pp. 52-82.

Lipsett, W. *American Exceptionalism: a double-edged sword*, New York and London: W.W. Norton, 1996.

Locke, J. *Two Treatises of Government*, Student Edition, Cambridge: Cambridge University Press, 1988.

Locke, J. *Some Thoughts Concerning Education*, Bristol: Thoemmes Press; Taipei, Unifacmanu, 1995.

Lorenzen, T. *The Rights of the Child, McLean*, Virginia: Baptist World Alliance, 1998.

Lorenzen, T. *Freedom of Religion as a Human Right*, McLean, Virginia: Baptist World Alliance, 1999.

McDermott, J. Abortion in the Pali Canon and early Buddhist thought, in D. Keown (Ed.). *Buddhism and Abortion*, Hawaii: University of Hawaii Press, 1999, pp. 157-182.

MacIntyre, A. *After Virtue: a study of moral theory*, Notre Dame, Indiana: Notre Dame University Press, 1984.

Madjid, Nurcholish. Potential Islamic doctrinal resources for the establishment and appreciation of the modern concept of civil society, in Nakamura Mitsuo, S. Siddique and Omar Farouk Bajunid (Eds.). *Islam and Civil Society in Southeast Asia*, Singapore: Institute of Southeast Asian Studies, 2001, pp. 149-163.

Mahathir, Mohammad. *The Malay Dilemma*, Singapore, Kuala Lumpur: Times Book International, 1970.

Mahathir, Mohammad. *The Challenge*, Petaling Jaya, Malaysia: Pelanduk Publications, 1986.

Mahathir Mohammad. The social responsibility of the press, in A. Mehra (Ed.). *Press System in ASEAN States*, Singapore: Asian Mass Communication Research and Information Centre, 1989, pp. 107-116.

Mahathir Mohammad and Shintaro Ishihara (trans. F. Baldwin). *The Voice of Asia: two leaders discuss the coming century*, Tokyo, New York, London: Kodansha International, 1995.

Manger, L. (Ed.). *Muslim Diversity: local Islam in global context*, Richmond, Surrey: Curzon, 1999.

Margolin, J. L. China: a long march into the night, in S. Courtois, N. Werth, J. L. Panne, A. Paczkowski, K. Bartosek and J. L. Margolin (trans. J. Murphy and M. Krammer), *The Black Book of Communism*, Cambridge, M.A. and London: Harvard University Press, 1999, pp. 463-446.

Maritain, J. *True Humanism*, London: Geoffrey Bles: The Centenary Press, 1938.

Martain, J. (trans. J. Fitzgerald). *The Person and the Common Good*, Notre Dame, Indiana: University of Notre Dame Press, 1946, 1966.

Maritain, J. *Man and the State*, Chicago, London, Toronto: The University of Chicago Press, 1951.

Marr, D. and S. Rosen. Chinese and Vietnamese youth in the 1990's, in A. Chan, Be. Berkvliet, J. Unger (Eds.). *Transforming Asian Socialism: China and Vietnam compared*, Sydney: Allen & Unwin, 1999, pp. 176-203.

Marsden, G. *Understanding Fundamentalism and Evangelicalism*, Grand Rapids, Michigan: William B. Eerdmans Publishing, 1991.

Marwick, A. *The Sixties: cultural revolution in Britain, France, Italy, and the United States*, c. 1958-c.1974, Oxford: Oxford University Press, 1988.

Mayer, A. *Islam and Human Rights: tradition and politics*, Second Edition, Boulder and San Francisco: Westview Press; London: Pinter Press, 1991, 1995.

Mehra, A. (Ed.). *Press systems in ASEAN states*, Singapore: Asian Mass Communication Research and Information Centre, 1989.

Meijer, M. (Ed.). *Dealing with Human Rights: Asian and Western views on the value of human rights*, Oxford: WorldView; Amsterdam: Greger Publishing; Bloomfield, CT: Kumarian Press, 2001.

Mencius (trans. D. Lau). *Mencius*, London: Penguin, 1970.

Mendes, E. Asian values and human rights: letting the tiger free, 1996, Available HTTP: //www.uottawa.ca/hrrec/publicat/asian_values.html (accessed 13 December, 2010).

Mill, J. S. (F. Garforth, Ed.). *John Stuart Mill on Education*, New York: Teachers College Press, 1971.

Mill, J. S. (J. Robson, Ed.). *Autobiography*, London: Penguin Books, 1989.

Mill, J. S. (S. Collini, Ed.). *On Liberty with the Subjection of Women and Chapters on Socialism*, Cambridge: Cambridge University Press, 1989.

Mills, M.Attack of the Widow Ghost: Gender, Death, and Modernity in Northeast Thailand, in Aihwa Ong and M. Pelez (Eds.). *Bewitching Women, Pious Men: gender and body politics in Southeast Asia*, Berkeley, Los Angeles, London: University of California, 1995, pp. 244-273.

Milner, A. *Kerajaan: Malaypolitical culture on the eve of colonial rule*, Tucson, Arizona: The University of Arizona Press for the Association for Asian Studies, 1982.

Mitomo, Ryojun. The ethics of Mahayana Buddhism in the Bodhicaryavalara, in C. Fu and S. Wawrytko (Eds.). *Buddhist Ethics and Modern Society: an international symposium*, New York: Greenwood Press. 1991, pp. 15-26.

Mo Jongryn. Democracy and the economic crisis, *Korea Journal*, 2000, Vol. 40, pp. 305-321.

Moghissi, H. *Feminism and Islamic Fundamentalism: the limits of postmodern analysis*, London and New York: Zed Books, 1999.

Moosa, N. Human rights in Islam, *South African Journal on Human Rights*, 1998, vol. 14, pp. 508-524.

Mote, F. *Intellectual Foundations of China*, New York: Alfred A. Knopf, 1971.

Mulder, N. *Mysticism and Everyday Life in Contemporary Java: cultural persistence and change*, Singapore: Singapore University Press for the Institute of Southeast Asian Studies, 1978.

Murphy, V. Confucian thought and democracy, *Asian Culture Quarterly*, 1999, vol. 27, pp. 47-58.

Nair, D. (Ed.). *Socialism That Works...the Singapore way*, Singapore: Federal Publications, 1976.

Nakamura Mitsuo, S. *Siddique and Omar Farouk Bajunid. Islam and Civil Society in Southeast Asia*, Singapore: Institute of Southeast Asian Studies, 2001.

Nathan, A. Human Rights in Chinese foreign policy, *The China Quarterly*, 1994, no. 139, pp. 243-262.

Nedelsky, J. Reconceiving autonomy: sources, thoughts and possibilities, *Yale Journal of Law and Feminism*, 1989, vol. 1, no. 7, pp. 7-36.

Noor, F. Beyond Eurocentrism: the need for a multicultural understanding of human rights, in M. Meijer (Ed.). *Dealing with Human Rights: Asian and Western views on the value of human rights*, Oxford: WorldView; Amsterdam: Greber Publishing; Bloomfield, CT: Kumarian Press, 2001, pp. 49-73.

Oberman, H. (trans. E. Walliser-Schwarzbart). *Luther: man between God and the Devil*, New Haven and London: Yale University Press, 1982.

Office of the High Commissioner for Human Rights. Vienna Declaration and related documents. Available HTTP: //www.unhchr.ch/huridocda/huridoc.nsf(accessed 19 November, 2012).

Ong, Aihwa. State versus Islam: Malay families, women's bodies, and the body politic in Malaysia, in Aihwa Ong and M. Pelez (Eds.). *Bewitching Women, Pious Men: gender and body politics in Southeast Asia*, Berkeley, Los Angeles, London: University of California Press, 1995, pp. 159-194.

Ong, Aihwa and M. Pelez (Eds.). *Bewitching Women, Pious Men: gender and body politics in Southeast Asia*, Berkeley, Los Angeles, London: University of California Press, 1995.

On-line Conference on Buddhism and Human Rights, Declaration of Interdependence, *Journal of Buddhist Ethics*, Online Conference on Buddhism and Human Rights. Available HTTP: //jbe.psu.edu/1995conf/closing.html#dec(accessed 12 February, 2011).

Onuma Ysuaki. Toward a more inclusive human rights regime, in J. Bauer and D. Bell (Eds.). *The East Asian Challenge for Human Rights*, Cambridge: Cambridge University Press, 1999, pp. 103-123.

Parekh, B. Liberalism and Colonialism: a critique of Locke and Mill, in J. Pieterse, and B. Parekh (Eds.). *The Decolonialization of Imagination: culture, knowledge and power*, London and New Jersey: Zed Books, 1995, pp. 81-98.

Patterson, O. *Freedom Volume I: freedom in the making of Western culture*, London: I.B. Taurus, 1991.

Peerenboom, P.What's wrong with Chinese rights? toward a theory of rights with

Chinese Characteristics, *Harvard Human Rights Journal*, 1993, vol.6, pp. 29-57.

Peters, R. Islamic law and human rights: a contribution to an ongoing debate, *Islam and Christian-Muslim Relations*, 1999, vol.10, pp. 5-14.

Perry, E. Casting a Chinese "democracy" movement: the roots of students, workers, and entrepreneurs, in J. Wasserstrom and E. Perry (Eds.). *Popular Protest and Political Culture in Modern China: learning from 1989*, Boulder: Westview Press, 1992, pp. 146-164.

Perry, E. and E. Fuller. China's long march to democracy, *World Policy Journal*, 1991, vol. 8, pp. 663-685.

Perry, E. and M. Seldon (Eds.). *Chinese Society: change, conflict and resistance*, London and New York: Routledge, 2000.

Pieterse, J. and B. Parekh (Eds.). *The Decolonization of Imagination: culture, knowledge and power*, London and New Jersey: Zed Books, 1995.

Plattner, M. Liberal and democracy: can't have one without the other, *Foreign Affairs*, 1998, vol. 77, pp. 171-180.

Plattner, M. From liberalism to liberal democracy, *Journal of Democracy*, 1999, vol. 10, pp. 121-134.

Prebish, G. From monastic ethics to modern society, in D. Keown (Ed.). *Contemporary Buddhist Ethics*, Richmond, Surrey: Curzon, 2000, pp. 37-56.

Pye, L. *Politics, Personality and Nation Building: Burma's search for identity*, New Haven and London: Yale University Press, 1962.

Pye, L. *Asian Power and Politics: the cultural dimensions of authority*, Cambridge, Mass: The Belknap Press of Harvard University Press, 1985.

Quilty, M. *Textual Empires: a reading of early British histories of Southeast Asia*, Melbourne: Monash Asia Institute, 1998.

Ratanakul, P. Sociomedical aspects of abortion in Thailand, in D. Keown (Ed.). *Buddhism and Abortion*, Hawaii: University of Hawaii Press, 1999, pp. 53-66.

Rawls, J.(Ed.). *Theory of Justice*, Cambridge, Mass: Belknap Press of Harvard University Press, 1971.

Reischauer, E. and J. Fairbank (Eds.). *East Asia: the great tradition*, London: Allen &

Unwin, 1960.

Reynolds, F.Sacral kingship and national development: the case of Thailand, in B. Smith (Ed.). *Religion and Legitimation of Power in Thailand, Laos, and Burma*, Chambersberg, PA: Anima Books, 1978, pp. 100-110.

Rodan, G.The internalization of ideological conflict: Asia's new significance, *The Pacific Review*, 1996, vol. 9, pp. 328-351.

Ron Guey Chu. Rites and rights in Ming China, in W. de Bary and Tu Weiming (Eds.). *Confucianism and Human Rights*, New York: Columbia University Press, 1998, pp. 169-178.

Rozman, G. (Ed.). *The East Asian Region: Confucian heritage and its modern adaptation*, Princeton, N.J. and Chichester: Princeton University Press, 1991.

Saddhatissa, H. *Buddhist Ethics*, Boston: Wisdom Publications, 1970, 1997.

Saif, W. Human rights and Islamic revivalism, *Islam and Christian-Muslim Relations*, 1994, vol. 5, no. 1, pp. 57-65.

Sajoo, Amin B.The Islamic ehos and the spirit of humanism, *International Journal of Politics, Culture and Society*, 1995, vol. 8, pp. 579-596.

Sandel, M. Moral argument and liberal toleration: abortion and homosexuality, *California Law Review*, 1989, vol. 77, no. 3, pp. 521-538.

Sandel, M. Review of Political Liberalism, by John Rawls, *Harvard Law Review*, 1994, vol. 107, pp. 1765-1794.

Sarkisyanz, E. Buddhist backgrounds of Burmese Socialism, in B. Smith (Ed.). *Religion and Legitimation of Power in Thailand, Laos, and Burma*, Chambersberg, PA: Anima Books, 1978, pp. 87-99.

Satha-Anand, S. Looking to Buddhism to turn back prostitution in Thailand, in J. Bauer and D. Bell (Eds.). *The East Asian Challenge for Human Rights*, Cambridge: Cambridge University Press, 1999, pp. 193-211.

Schooley, K. Cultural sovereignty, Islam, and human rights-toward a communitarian revision, *Cumberland Law Review*, 1995, vol. 25, pp. 651-714.

Seah Chee Meow (Ed.). *Asian Values and Modernization*, Singapore: Singapore

University Press, 1977.

Sebok, A.How Germany views US tort law: duties, damages, dumb luck, and the differences in the two countries'systems, in FindLaw's Legal Commentary. Available HTTP: // writ.new.findlaw.com/sebok/20010723.html(accessed 6 August, 2012).

Second Vatican Council. Gaudium et Spes: Pastoral Constitution on the Church in the Modern World. Available HTTP: //www.osjspm.org/cst/gs_cos1.htm(accessed 10 October, 2011).

Shain, B. *The Myth of American Individualism: the Protestant origins of American political thought*, Princeton: Princeton University Press, 1994.

Shiraishi, Saya, S. *Young Heroes: The Indonesian Family in Politics*, Ithaca, New York: Southeast Asia Program Publications, Cornell University, 1997.

Shklar, J. (S. Hoffman, Ed.). *Political Thoughts and Political Thinkers*, Chicago and London: The University of Chicago Press, 1982.

Shupack, M. The churches and human rights: Catholic and Protestant human rights views as reflected in church statements, *Harvard Human Rights Journal*, 1993, vol. 6, pp. 127-157.

Skinner, Q. *The Foundations of Modern Political Thought, volume two: the age of reformation*, London: Cambridge University Press, 1978.

Skorupski, J. (Ed.). *Cambridge Companion to Mill*, Cambridge: Cambridge University Press, 1998.

Sloane, P. *Islam, Modernity and Entrepreneurship among the Malays*, New York: St Martin's Press, 1999.

Smith, B. (Ed.). *Religion and Ligitimation of Power in Thailand, Laos, and Burma,* Chambersberg, PA: Anima Books, 1978.

Spitz, L. *Luther and German Humanism*, London: Variorum, 1996.

State Council. *People's Republic of China, Human Rights in China*, Beijing: International Office of the State Council, 1991.

Stiltner, B. *Religion and the Common Good: Catholic contributions to building community in a liberal society*, Lanham: Rowman & Littlefield Publishers, 1999.

Stivens, M. *Matriliny and Modernity: sexual politics and social change in rural Malaysia*, Sydney: Allen & Unwin, 1996.

Stockman, N. *Understanding Chinese Society*, Cambridge: Polity Press, 2000.

Stokhof, W. and P. van der Velde (Eds.). *ASEM: The Asia-Europe Meeting: a window of opportunity*, London and New York: Kegan Paul International in association with the International Institute for Asian Studies, 1999.

Stuart-Fox, M. *China and Southeast Asia*, Sydney: Allen & Unwin, 2009.

Sukma, R.Values governance, and Indonesia's foreign policy, in Han Sung-Joo (Ed.). *Changing values in Asia: their impact on governance and development*, Singapore: Institute of Southeast Asian Studies; Tokyo and New York: Japan Centre for International Exchange, 1999, pp. 115-145.

Surin, M. Joining the values debate: the peculiar case of Thailand, *Sojourn*, 1999, vol. 14, pp. 402-413.

Svensson, M.The *Chinese Conception of Human Rights: the debate on human rights in China*, 1898-1949, Ph.D. thesis, Department of East Asian Languages, Lund University, Lund, 1996.

Swearer, D. *The Buddhist World of Southeast Asia*, Albany, N.Y.: State University of New York Press, 1995.

Swindler, A. (Ed.). *Human Rights in Religious Traditions*, New York:The Pilgrim Press, 1982.

Tang, J. (Ed.). *Human Rights and International Relations in the Asia-Pacific Region*, London and New York: Pinter, 1995.

Tedesco, F. Abortion in Korea, in D. Keown (Ed.). *Buddhism and Abortion*, Hawaii: University of Hawaii Press, 1999, pp. 121-155.

Ten, C. L.Democracy, socialism, and the working classes, in J. Skorupski (Ed.). *Cambridge Companion to Mill*, Cambridge: Cambridge University Press, 1998, pp.372-395.

Thomas, C. Does the "good governance" policy of the international financial institutions privilege markets at the expense of democracy? *Connecticut Journal of*

International Law, 1999, vol. 14, pp. 551-561.

Tibi, B.Islamic law/Shari'a, human rights, universal morality and international relations, *Human Rights Quarterly*, 1994, vol. 16, pp. 277-299.

Tow, W., R. Thakur and In-Taek Hyun (Eds.). *Asian's Emerging Regional Order: reconciling traditional and human security*, Tokyo, New York, Paris: United National University Press, 2000.

Truong, Thanh-Dam. "Asian values" and the heart of understanding, in J. Cauquelin, P. Lim and B. Mayer-Konig (Eds.). *Asian Values: an encounter with diversity*, Richmond, Surrey: Curzon, 2000, pp. 43-69.

Tu Weiming. *Confucian Ethics Today: the Singapore challenge*, Singapore: Curriculum development Center of Singapore and Federal Publications, 1984.

United Nations High Commission for Human Rights website. Available HTTP: //www.unhchr.ch/html(accessed 16 June, 2012).

Van Ness, P. (Ed.). *Debating Human Rights: critical essays from the United States and Asia*, London and New York: Routledge, 1999.

Vasil, R. *Governing Singapore*, Singapore: Eastern Universities, 1984.

Villa-Vicencio, C.Christianity and human rights, *The Journal of Law and Religion*, 1999, vol. 14, pp. 579-600.

Vo Van Ai.Human rights and Asian values in Vietnam, in M. Jacobsen and O. Bruun (Eds.). *Human Rights and Asian Values: contesting national identities and cultural representations in Asia*, Richmond, Surrey: Curzon, 2000, pp. 92-110.

Vogel, E. *Japan as Number one: lessons for America*, Cambridge, Mass: Harvard University Press, 1979.

Vogel, E. *The Four Little Dragons: the spread of industrialization in East Asia*, Cambridge, Mass: Harvard University Press, 1991.

Waardenburg, J.Human rights, human dignity and Islam, *Temenos*, 1991, vol. 27, pp. 151-182.

Wahid, Abdurrahman. Islam, nonviolence and national transformation, *Social Alternatives*, 2000, vol. 19, no. 2, pp. 8-10.

Wang Gungwu. *The Chineseness of China: selected essays*, Hong Kong: Oxford University Press, 1991.

Wasserstrom, J. and E. Perry. *Popular Protest and Political Culture in Modern China: learning from 1989*, Boulder: Westview Press, 1992.

Wawrytko, S.Women's liberation in Taoism and Ch'an/Zen', in C. Fu and S. Wawrytko (Eds.). *Buddhist Ethics and Modern Society: and international symposium*, New York: Greenwood Press, 1991, pp. 265-280.

Weber, M. (trans. T. Parsons). *The Protestant Ethic and the Spirit of Capitalism*, London: Allen & Unwin, 1930.

Wee Wan-ling.The end of disciplinary modernisation? The Asian economic crisis and the ongoing re-invention of Singapore, *Third World Quarterly*, 2010, vol. 2. pp. 23-48.

Weller, R. Horizontal ties and civil institutions in Chinese societies, in R. Hefner (Ed.). *Democratic Civility: the history and cross-cultural possibilities of a modern political ideal*, New Brunswick and London: Transaction Publishers, 1998, pp. 229-247.

Wilcox, W. In their image: the Vietnamese Communist Party, the "West", and the Social Evils Campaign of 1996, *Bulletin of Concerned Asian Scholars*, 2000, vol.32, no. 4, pp. 15-24.

Wisensale, S.Family policy in a changing Vietnam, *Journal of Comparative Family Studies*, 2000, vol. 31, pp. 79-90.

Wood, J. Jr. *Baptists and Human Rights*, McLean, Virginia: Baptist World Alliance, 1997.

Woodside, A. Exalting the latecomer state: intellectuals and the state during the Chinese and Vietnamese reforms, in A. Chan, B. Kerkvliet, J. Unger (Eds.). *Transforming Asian Socialism: China and Vietnam compared*, Sydney: Allen & Unwin, 1999, pp. 15-42.

Woodward, M. *Islam in Java: normative piety and mysticism in the Sultanale of Yogyakarta*, Tucson: The University of Arizona Press, 1898.

World Bank. *The East Asian Miracle:economic growth and public policy*, Oxford: Oxford University Press for the World Bank, 1993.

Wouters, C. Balancing sex and love since the 1960s sexual revolution, *Theory, Culture & Society*, 1998, vol. 15, pp. 187-214.

Yang Baoyun.The relevance of Confucianism today, in J. Cauquelin, P. Lim and B. Mayer-Konig (Eds.). *Asian Values: an encounter with diversity*, Richmond, Surrey: Curzon, 1998, pp. 70-95.

Yarnall, T. Engaged Buddhism: new and improved!? Made in the USA of Asian materials, *Journal of Buddhist ethics*, 2000, vol. 7. Available HTTP: //jbe.la.psu.edu/7/yarnall001.html(accessed 12 February, 2011).

Yoneii Ishii (trans. P. Hawkes). *Sangha, State and Society: Thai Buddhism in history*, Honolulu: University of Hawaii Press, 1986.

Yu, Hyun-Seok. Asian values and human security cooperation in Asia, in W. Tow, R. Thakur and In-Taek Hyun (Eds.). *Asia's Emerging Regional Order: reconciling traditional and human security*, Tokyo, New York, Paris: United Nations University Press, 2000, pp. 99-108.

Zainuddin, A. *A Short History of Indonesia*, Melbourne: Cassel Australia, 1968.

Zakaria, F. Culture is destiny: a conversation with Lee Kuan Yew, *Foreign Affairs*, 1994, vol. 73, pp. 109-125.

Azkaria, F. The rise of illiberal democracy, *Foreign Affairs*, 1997, vol. 76, pp. 22-43.

Zhao Gancheng.Assessing China's impact on Asia-EU relations, in W. Stokhof and P. van der Velde (Eds.). *ASEM: The Asia-Europe Meeting: a window of opportunity*, London and New York: Kegan Paul International in association with the International Institute for Asian Studies, 1999, pp. 109-125.

Zhu Feng.Human rights problems and current Sino-American relations, in P. van Ness (Ed.). *Debating Human Rights: critical essays from the United States and Asia*, London and New York: Routledge, 1999, pp. 232-254.

Zuckert, M. *The Natural Rights Republic: studies in the foundation of the American political tradition*, Notre Dame, Indiana: University of Notre Dame Press, 1996.